TEORÍAS JURÍDICAS.
Enfoques y paradigmas

TEORÍAS JURÍDICAS.
Enfoques y paradigmas

YEZID CARRILLO

Grupo de investigación en Teoría jurídica y derechos
fundamentales "phrónesis".
Grupo de Investigación en Filosofía del derecho y derecho
internacional

CENTRO DE ESTUDIOS INTERNACIONALES DE CIENCIAS
JURÍDICAS Y FILOSOFÍA DEL DERECHO

Teorías jurídicas. Enfoques y paradigmas
Autor: Yezid Carrillo De la rosa
Orcid: 0000-0001-5362-3752
ISBN: 979-867-6339-81-4
Primera edición: 2020

Edición
Centro de Estudios Internacionales de Ciencias Jurídicas y Filosofía del Derecho.
Centro, Edificio Julio Barbur, oficina 202
Cartagena-Colombia

Comité científico
Ricardo Perona (Ph.D)
Instituto jurídico internacional del Turín
Jorge Pallares Bossa (Mg.)
Universidad de Cartagena
Jorge Pérez Villa (Mg.)
Centro de Estudios Internacionales de Ciencias Jurídicas y Filosofía del derecho

TABLA DE CONTENIDO

INTRODUCCIÓN

La teoría jurídica se encuentra en un estado de incertidumbre: la constitucionalización del derecho, la internacionalización de los derechos humanos y la globalización de los ideales de la democracia y la libertad han desvanecido los límites tradicionales que permitían distinguir entre puntos de vista rivales, de suerte que muchos se preguntan: ¿qué es lo que realmente está en discusión?, porque parece que los filósofos, jueces y abogados hablan y discuten cosas que parecen similares pero son diferentes. Así, algunos positivistas afirman que es compatible con el positivismo la idea de que el derecho tiene algún valor moral (Raz Y MacCormick) o que el derecho requiere de un mínimo de moralidad (Hart), lo que parece negar la tesis central del positivismo, según la cual, una cosa es la existencia del derecho y otra su valor o mérito (Austin), de igual manera, en la otra orilla se hallan proclamados iusnaturalista que señalan que nunca fue una pretensión del iusnaturalismo negar la validez jurídica de una ley injusta (Finnis); es por ello que Waluchow pregunta: ¿sí el positivismo jurídico no es la teoría que defiende que incluso los sistemas jurídicos más perversos siguen siendo derecho, a pesar de su carencia de valor moral, y el iusnaturalismo aquella teoría que establece un criterio de justicia al que el derecho valido debe ajustarse para ser derecho válido, entonces qué es el positivismo jurídico y qué es lo que los iusnaturalistas han tratado de decir durante todo este tiempo? (Waluchow, 2007, pág. 15)

A la incertidumbre teórica se suma la perplejidad práctica. La inclusión de ideales, valores y principios de moralidad política, replantea las tesis y argumentos de las teorías jurídicas tradicionales que establecían compartimientos rígidos que permitían separar en la práctica la moral del derecho o el derecho de la política, se ha esfumado, de suerte que vivimos una especie de "derecho líquido" en el que las decisiones de un tribunal pueden incorporar argumentos estrictamente jurídicos o de moralidad política para fundamentar sus tesis y decisiones. Ante tal panorama este trabajo tiene como propósito intentar reordenar, desde una perspectiva analítico-conceptual, los diferentes enfoques teóricos sobre el derecho.

Existen muchas formas de reordenar o reconstruir las teorías del derecho. Se pueden ordenar por períodos históricos (antiguo medieval, moderno o contemporánea) o por ciertos paradigmas o lugares comunes admitidos (premoderno, moderno o posmoderno) o por problemas (justicia, ciencia, método, etc.) y por otra variedad de criterios. La reconstrucción de las teorías jurídicas que se propone en este trabajo, si bien apela a las etapas históricas, mezcla este elemento con otros criterios de demarcación (conceptos, problemas, autores, teorías). Tiene, por una parte, una intención didáctica, que busca reordenar y proporcionar una mejor comprensión de la variedad de tendencias dentro de las corrientes tradicionales de la filosofía del derecho y, por otra, un propósito epistémico y metodológico, al facilitar la ubicación y la identificación de la respuesta que cada tendencia o variante dentro de la corriente sugiere frente a los diferentes problemas de la filosofía del derecho.

Por la forma como está concebido, su contenido y propósito, este libro puede ser de utilidad para los estudiantes de ciencias sociales, filosofía, jurisprudencia o derecho y para todos aquellos que quieran introducirse en los paradigmas, problemas y enfoques actuales de las teorías jurídicas

1. PERPLEJIDAD ACTUAL EN LAS TEORÍAS JURÍDICA

La primera corriente que existió fue la iusnaturalista, que constituyó el enfoque dominante hasta finales del siglo XVIII, fecha en que fue sustituida por el positivismo jurídico, que constituyó el paradigma dominante hasta mitad del siglo XX. Actualmente existe una proliferación de posiciones y corrientes que se agrupan bajo múltiples nominaciones: positivistas y no positivistas o positivistas y anti-positivistas, sin que pueda afirmarse la preeminencia de una corriente sobre otra

TEORÍAS JURÍDICAS. ENFOQUES Y PARADIGMAS

Cada teoría, con sus corrientes, prioriza algunos problemas y soslayan otros. Así para el iusnaturalismo fue esencial plantearse el problema del derecho justo o de la justicia en el derecho; para el positivismo han sido importante discutir sobre el estatuto epistemológico de la ciencia jurídica (el problema del método y el conocimiento jurídico), el concepto de derecho (sistema jurídico), la validez del derecho, la naturaleza de las normas jurídicas y las características del sistema jurídico; para las nuevas corrientes positivistas y no positivistas lo esencial es plantearse cuestiones relativas al razonamiento y la argumentación jurídica, la conexidad conceptual (necesaria o contingente) entre el derecho y la moral, la constitucionalización del derecho o la interpretación y aplicación del de las reglas jurídicas y los principios constitucionales, entre otros.

Este trabajo sostiene que una reordenación racional y adecuada, de la actual proliferación de enfoques y paradigmas teórico-jurídicos, fundada en una teoría del conocimiento sobre el derecho y la moral, que sea coherente con los desarrollos epistémicos y metaéticos, no puede seguir sosteniendo la tradicional distinción entre iusnaturalistas y positivistas, porque existen posiciones anti-positivistas que no pueden subsumirse

2

dentro de las doctrinas del derecho natural. De igual manera, la clasificación más contemporánea que distingue entre positivistas y no positivistas o anti-positivistas, no da cuenta del estado de perplejidad en que se halla el conocimiento jurídico, pues no tiene en cuenta, como ya se advirtió, que, si bien todo iusnaturalismo es anti-positivista, no todo anti-positivista o no positivista es iusnaturalista, con lo que se mezclan, en el mismo ámbito, posiciones que pueden ser, incluso, antitética. A continuación, se propone una clasificación de la diversidad de teorías jurídicas existente que distingue entre: iusnaturalistas, positivistas, pospositivista (no positivista) y neopositivistas.

2. PARADIGMA IUSNATURALISTA

El iusnaturalismo surgió influenciado por el pensamiento medieval y tuvo su máximo desarrollo con el racionalismo en la edad moderna. El iusnaturalismo es el primer modelo de filosofía del derecho del que se tiene conocimiento y reivindica la existencia de un derecho natural, que constituyó el modelo epistemológico, ontológico y axiológico dominante en la edad media y parte de la modernidad.

TEORÍAS JURÍDICAS. ENFOQUES Y PARADIGMAS

2.1. Tesis "fuerte" o "radical" de la vinculación

En este trabajo se identifica como iusnaturalismo, a aquella teoría jurídica que sostiene que no es posible definir o conceptualizar el derecho al margen su moralidad o justicia, pues existe conexidad conceptual necesaria entre el derecho y alguna moral crítica, de manera que los ordenamientos jurídicos positivos (sistema jurídico y normas individuales) se encuentran vinculados o en relación de subordinación a una doctrina moral o a una forma de moralidad ideal.

El iusnaturalismo define o conceptualiza el derecho en función de su justicia según una moral ideal o crítica. Considera, que el derecho que debe regir en una comunidad debe respetar específicos estándares morales, que se expresan en los principios, valores, tesis y argumentos de una doctrina moral ideal, que se considera fundante o básica (cristianismo, liberalismo, contractualismo, nacionalsocialismo, marxismo, etc.), de suerte que el derecho se convierte o se piensa como una parte de esa doctrina moral, es el instrumento, a través del cual se materializan determinados ideales de justicia.

Este último aspecto es importante y merece ser resaltado para no caer en confusiones: el núcleo de moralidad para el iusnaturalismo viene dado por una específica y concreta doctrina moral ideal. El iusnaturalismo no afirma, sin más, que el orden jurídico se vincula a la moral, sino a una determinada moral crítica, la cual debe diferenciarse de la moral positiva o social, o de la moral subjetiva o individual.

Cuando las normas creadas mediante la práctica social (costumbre) las decisiones de los jueces (derecho judicial) o las decisiones políticas (decisiones legisladas) contradicen los ideales de justicia, que expresa la doctrina moral, se considera un derecho legal, judicial o consuetudinario defectuoso, inexistente, inválido o inaplicable, que no debe ser tenido en cuenta o que no obliga.

El argumento de la conexidad que defiende el iusnaturalismo es "radical" o "fuerte", porque identifica el derecho con su moralidad sin establecer cualificación alguna, de manera que el "derecho injusto no es derecho", entendiendo por injusticia, como ya se ha señalado, cualquier trasgresión a los ideales de la moral crítica en que se fundamenta.

El argumento de la conexidad se apoya a su vez en una concepción metaética:

a. *Objetivista*: que considera que los juicios éticos se refieren a hechos o propiedades morales que son independientes del sujeto, de manera que, para el iusnaturalista, los juicios morales se refieren a objetos que pueden describirse, explicarse o comprenderse, con total independencia de las apreciaciones o inclinaciones personales del sujeto moral y, por tanto, se refieren a hechos o propiedades que todos los individuos describen, explican o comprenden de la misma manera.

b. *Realismo no naturalista*: que considera que hay propiedades morales metafísicas o no naturales que preexisten al sujeto y al acto de conocimiento, las cuales actuarían como condiciones de verdad de los juicios morales. El iusnaturalismo supone que los valores morales existen de la misma manera que están presente las propiedades o los hechos naturales en el mundo: sea como un orden ideal racional, sea como un mundo que se encuentra más allá de los sentidos, el cual sirve de parámetro objetivo de los juicios de validez moral que se hagan sobre el derecho positivo.

c. *dogmatismo moral*: que considera que existen valores o hechos morales incuestionables que constituyen el fundamento de una doctrina ética, verdades autoevidentes u opiniones generalizadas, dogmas, que sirven de criterio de aceptación o exclusión de los principios, valores y acciones humanas. El iusnaturalismo, al considerar las reglas jurídicas como prolongación de algún sistema o doctrina moral, establece ciertos valores o principios éticos que considera fundantes de un ordenamiento jurídico: dogmas que sirven de parámetros para la creación, interpretación y sistematización del derecho positivo.

d. *Cognitivismo ético*: que considera que es posible obtener un conocimiento de los hechos y valores morales. En este caso, el iusnaturalismo considera que es posible tener acceso a la realidad o existencia de los hechos morales metafísicos (derecho natural) a través de alguna facultad: la intuición, la revelación o la razón.

2.2. caracterización

En el iusnaturalismo pueden distinguirse:

a. *Una tesis ontológica*: que sostiene que el mobiliario del universo jurídico está compuesto por dos tipos de objetos (normas) o por un objeto que tiene dos dimensiones o manifestaciones (Betegón, 1997): una empírica que se expresa en normas positivas,

8

contingentes y particulares, creadas históricamente por las acciones, decisiones o convenciones de los individuos concretos, que sería la apariencia o forma del derecho, y otra dimensión ideal, axiológica y metafísica que se expresa en principios y valores morales inmutables y universales, que constituiría la esencia o contenido del derecho, el derecho natural, derecho ideal y justo, permanente e invariable, que no depende de la voluntad de los hombres (Asamblea de hombres, Estado o legislador político y mudable) ni de las contingencias históricas y constituye el "ser" y lo que "debe ser" de todo derecho. Obsérvese, que el iusnaturalismo no niega la existencia del derecho positivo, lo que sostiene es que éste no es el verdadero derecho sino una especie de reflejo o remedo del derecho natural (doctrina moral) aceptados universalmente, el cual constituye el verdadero derecho.

b. *Una tesis axiológica*: que sostiene que el derecho que "es" es el derecho que "debe ser". El iusnaturalismo no permite distinguir, como si lo hace el positivismo, entre la "existencia" y el "mérito" del derecho, pues para esta teoría, la existencia del derecho presupone su virtud, su moralidad y su justicia.

c. *Una tesis metaética*: que defiende el dogmatismo, objetivismo, realismo y cognitivismo ético.

d. *Una tesis lógica*: que considera que el derecho positivo debe ser coherente (forma) y congruente (contenido) con la doctrina moral fundante.

2.3. Precisiones conceptuales

El iusnaturalismo es una teoría jurídica que intenta describir, explicar o comprender el fenómeno social y cultural que denominamos "derecho", la cual debe distinguirse de los "derechos naturales", estos últimos, son el resultado de una determinada filosofía o enfoque sobre la idea de derecho natural, la expresión de una particular concepción doctrinal sobre lo moralmente correcto, con fundamento en la cual se deriva y se propone un inventario de ellos. La singularidad de cada catálogo de derechos naturales (derechos morales) depende de muchas variables. Por ejemplo, de lo que en cada momento histórico o cultura constituye el paradigma de lo justo, o de lo que se considere natural (moral) según una doctrina ética; de suerte que, si bien podemos hablar de una teoría relativamente unitaria del derecho natural, tenemos que hablar de muchos derechos morales. Por consiguiente, en la comprensión del iusnaturalismo es útil distinguir (Robles,

10

1993, pág. 19):

> a. La "teoría o filosofía del derecho natural" (teológico, racionalista, contemporáneo), que en cuanto teoría sobre el fenómeno jurídico representa la forma o el cómo del derecho natural, con unas características particulares y comunes desde la perspectiva ontológica, epistemológica y axiológica.

> b. El catálogo de derechos o principios prácticos que surgen de ella y de sus reflexiones, que representan el qué, esto es, su contenido y se expresa en un conjunto de normas, valores y principios éticos sociales que tienen una realidad no empírica o metafísica.

Adicionalmente, debe señalarse que no debe confundirse el término "derecho natural" con la expresión "ley natural", que a veces es usado en la literatura jurídica y no jurídica como sinónimo o intercambiables, pero, en estricto sentido no lo son. El vocablo "ley natural", alude a las leyes de la naturaleza tal y como las expresan las teorías científicas o las formulan las ciencias naturales y pertenecen al mundo del "ser" o fenoménico. Lo que se denomina "derechos naturales" no son leyes en el sentido antes indicado, no son juicios descriptivos (como las leyes de la naturaleza) sino

11

prescriptivos o normativos, expresiones de un mandato o un poder que no pertenecen al dominio del "ser" o de lo que "es", sino de lo que "debe ser", al dominio de lo normativo.

En la comprensión del iusnaturalismo es importante resaltar la naturaleza o el carácter interdisciplinar de sus argumentos, debido a que, sobre el derecho natural (o los derechos naturales), no sólo la filosofía del derecho tiene algo que decir, pues, sobre ellos también han reflexionado la teoría política y la filosofía moral (Betegón, 1997, pág. 31), por ello es común que se ocupen de los derechos natural, además de los juristas, los moralistas y políticos (Robles, 1993, pág. 17).

2.4. Enfoques

En ocasiones se habla de un derecho natural antiguo, pero en estricto sentido la idea de un derecho natural como derecho vinculante y supraordenado, surge con en el pensamiento estoico y teológico medieval en el que se establecen las bases teóricas de esta forma de reflexión filosófica sobre el derecho. Lo que se ha denominado derecho natural antiguo o grecorromano es una mezcla heterogénea de ideas sobre la justicia legal y la moralidad que a veces concuerdan con las tesis básicas del derecho natural y en ocasiones parecen negarla o soslayarla. Lo que no puede negarse es que la reflexión greco-romana dio cuenta desde sus inicios de las problemáticas y, a veces, contradictorias relaciones, entre el derecho, la moral y la justicia. Las obras de Hesíodo, Sófocles, Platón, Aristóteles, Cicerón, y la confrontación sofistico-socrática, entre otras, dan cuentas de tal situación.

2.4.1. Iusnaturalismo teológico

El pensamiento teológico-medieval, a diferencia del pensamiento greco-romano, no sólo distinguió con nitidez entre las nociones de "derecho positivo" y "derecho natural", sino que sostuvo la superioridad y fuerza vinculante de éste último sobre el primero. Sin embargo, el grado de subordinación será interpretada de diferente manera por las dos escuelas de pensamiento que dominan el escenario intelectual: voluntaristas e intelectualistas.

El voluntarismo sostuvo la tesis de que la naturaleza y la razón humana se hallaban corruptas a causa del pecado original y, por ello, los individuos no podían distinguir lo justo de lo injusto o la verdad del error (Betegón, 1997, pág. 44), de allí que se considerara que el principal método de conocimiento era el que se daba por la revelación y su principal fuente la voluntad de Dios transmitida a

13

los hombres. En la práctica, esta tesis exigía la subordinación de la razón humana a la revelación (Robles, 1993, pág. 57) y, por consiguiente, a la autoridad de quien posee esa revelación.

El argumento más importante del voluntarismo es el que afirma que las cosas o las acciones no son buenas porque la razón las reconozca, sino porque Dios las manda (Betegón, 1997, pág. 46). Esta desconfianza en la razón, para conocer el mundo y establecer su verdad o su justicia, tendrá implicaciones epistémicas decisivas en el conocimiento del derecho correcto y, como consecuencia de ello, sostendrá que la única manera de conocer el derecho será a través de la revelación, fundada en la autoridad. El derecho correcto, por tanto, no es el que reconozca la razón, sino el establecido y revelado por Dios, a sus representantes, en la historicidad humana.

Uno de los aportes más significativo, del voluntarismo, a la concepción teológica del derecho medieval, lo hizo Agustín de Hipona (san Agustín), quien, por una parte, distinguió entre ley eterna, ley natural y ley temporal (positiva) y, por otra, sostuvo la tesis sobre la injusticia del derecho positivo. Respecto de lo primero, hay que advertir que no se trata de tres leyes sino de una sola ley que se despliega en tres momentos y objetos diferentes. La ley eterna, verdadera y perfecta (inspirada en Dios), es la razón ordenadora del Cosmos, al cual pertenece el mundo humano, la ley natural, es la misma ley eterna en cuanto participa de esta

14

última, y la ley eterna es la misma ley natural en tanto se aplica al ámbito de lo humano; por su parte, la ley temporal (mudable, sujeta al tiempo y contingente), producto de la voluntad humana, debe concordar, moralmente, con las dos anteriores, sin desatender las particularidades concretas de cada sociedad (Robles, 1993, pág. 58). Finalmente, la tesis de la injusticia del derecho, sostiene que las leyes positivas, para tener fuerza vinculante, ser coactivas y exigir obediencia, deben ajustar su contenido a la ley eterna, de allí la lapidaria frase de Agustín de Hipona, según la cual "no es ley la que no es justa" (Garzón, 1998, pág. 93).

Contrario al pesimismo antropológico defendido por el voluntarismo, el intelectualismo sostiene que, si bien el pecado original introdujo la corrupción en el mundo, ese hecho no basta para invalidar las posibilidades de la razón humana en el conocimiento de la realidad y las reglas morales, de suerte que la fe y la razón, la revelación y la inteligencia, se complementan en el conocimiento y el establecimiento de la verdad de los principios esenciales de justicia, bondad y moralidad (Betegón, 1997, pág. 47).

Tomás de Aquino, es el pensador más importante de esta corriente. Para él, Dios le otorga al hombre capacidad para conocer tres tipos de verdades: las verdades divinas, que pueden conocerse a través de la revelación, las verdades necesarias, que se pueden descubrir mediante la razón especulativa y las verdades sobre lo que debe o no hacerse (acciones humanas), que pueden ser descubiertas mediante la razón práctica y se identifican con la ley eterna.

La ley eterna es la razón divina que ordena todas las cosas en el universo, le asigna un lugar y un fin a cada una, y dirige todos los actos y movimientos de las criaturas. Tomás de Aquino identifica, al lado de la ley eterna, a la ley divina, la ley natural y la ley humana. La ley divina, que no se identifica con la ley eterna, es promulgada por Dios, se orienta a la búsqueda de la felicidad eterna y se conoce mediante la revelación (Betegón, 1997, pág. 48). La ley natural surge de la participación de la criatura racional en la ley eterna, de la misma manera que la ley humana es derivada, por el legislador o por la costumbre, de la ley natural (Bobbio, El positivismo jurídico, 1993, pág. 39).

Cuando la ley humana viola la ley natural estamos en presencia de ley corrompida o corrupta, pero, no inválida o inexistente (Garzón, 1998, pág. 21). Estas leyes pueden ser injustas de dos maneras. En primer lugar, porque son contrarias al bien del hombre o se oponen al fin natural de las cosas; en este caso, a pesar de su injusticia, estas leyes deben ser obedecidas para evitar el escándalo y el desorden. En segundo lugar, porque se oponen a la ley divina, en este caso no pueden observarse bajo ninguna justificación (Betegón, 1997, pág. 48).

2.4.2. Iusnaturalismo racionalista

La idea de un derecho natural racional sólo fue posible en un mundo secularizado, gobernado por el ideal de ciencia moderna y por el paradigma racionalista (cartesiano) en el que la razón deductiva y crítica se oponen a la tradición y a la autoridad (Robles, 1993, pág. 61). El racionalismo establece a la razón como instrumento y medida del saber y a la geometría (la matemática) como modelos epistemológicos para alcanzar la verdad, de manera que sólo se tienen como racionales las demostraciones que, partiendo de ideas claras y sustentadas en pruebas apodícticas, condujeran a conclusiones verdaderas e incuestionables (Perelman, Tratado de la argumentación. la nueva retórica, 1994, pág. 31). Ahora bien, la geometría no va a ser sólo un modelo de análisis de la realidad, sino también un instrumento al servicio de la razón para construirla (Robles, 1993, pág. 61). Por ello, el uso de modelos y categorías ideales por parte de los defensores de los derechos naturales racionales, como lo son las nociones de "estado de naturaleza" o "contrato social", que realmente no son conceptos empíricos sino metafísicas, usados para justificar principios morales racionales (Betegón, 1997, pág. 53), o el análisis de una supuesta naturaleza humana, que no es ni real ni histórica, sino elaborada por la razón (a-histórica e individual).

17

TEORÍAS JURÍDICAS. ENFOQUES Y PARADIGMAS

La filosofía del derecho natural racionalista sostuvo que accedemos al conocimiento del derecho correcto gracias a la razón y a la geometría (razonamiento more geométrico) en el que a partir de principios generales y básicos se deducen principios más específicos y definiciones que aspiran a una exactitud matemática. El modelo propuesto por Cristian Wolff (que se generalizado en el siglo XVIII) puede considerarse el tipo paradigmático de esta propuesta de análisis. Éste trasplanta el orden matemático universal al ámbito de las relaciones humanas regladas por el derecho natural, formulando principios superiores a partir del cual se van deduciendo una serie de reglas específicas, que tendrían la capacidad de regular la vida práctica social. Subsisten, sin embargo, entre los defensores del derecho natural racional, matices y diferencias que dependen de la forma como se configure esa naturaleza (Betegón, 1997, pág. 55).

Hugo Grocio, por ejemplo, sostiene que el instinto de sociabilidad es el fundamento del derecho natural y de la distinción entre lo justo y lo injusto. Grocio considera que lo que distingue al hombre del resto de los animales es: su inclinación a vivir en sociedad (*appetitus societatis*), el cual le impulsa a ordenar de manera tranquila su comunidad, según su propio entendimiento; el lenguaje, que es instrumento de desarrollo de la vida social; finalmente, la facultad de conocer y obrar conforme a preceptos generales que sean conforme a su naturaleza.

18

Wolff, considera que la "naturaleza" de una cosa se identifica con su fin, que no es otro que el de buscar la perfección; al igual que Aristóteles, identifica fin, sentido y naturaleza. A partir de esta visión teleológica infiere, que la primera ley natural es buscar la perfección (interna y externa) individual y la de los demás hombres: máxima moral que se desprende directamente de la naturaleza humana y es descubierta por la razón.

La tesis de Hobbes, es que en el estado de naturaleza el hombre es un lobo para el hombre, un ser egoísta orientado por fines racionales que le busca asegurar la solución de sus intereses particulares y específicos. El derecho, en este caso, no surge como consecuencia de ninguna vinculación con la comunidad o concepción alguna del bien común, sino del producto del cálculo racional de seres interesados y egoístas, quienes dueños de su derecho natural a la vida y sometidos a una situación de inseguridad en sus bienes y propiedades, convienen en la creación de instituciones y reglas capaces de sacarlos del estado de guerra y de protegerlo en su integridad y sus propiedades (Hobbes, 1980, pág. 263). En el estado de naturaleza los hombres se hallan en un estado de igual inseguridad y de miedo recíproco; por ello, el dictamen de la razón indica que la primera ley natural es buscar la paz donde sea posible o buscar ayudas para la guerra donde esta no pueda darse (Hobbes, 1980, pág. 229).

Locke, al igual que Hobbes parte de un hipotético estado de naturaleza, pero a diferencia de éste, no asimila el estado de naturaleza a estado de guerra, para él, es la ausencia de un juez común que posea autoridad, la que conduce a los hombres al estado de anarquía (Locke, 1991, pág. 19). El hombre es parcial a favor de sus intereses y de esa parcialidad surgen graves dificultades, de manera que, así como como para Hobbes es imposible establecer la propiedad en el estado de guerra, para Locke, lo es preservarla en el estado de naturaleza. El hombre, en el estado de naturaleza, no es un lobo para el hombre, cuyo egoísmo lo impulsa al dominio de los demás, sino un ser dotado de razón con cuya orientación descubre una serie de principios prácticos o leyes naturales que le permiten el desarrollo de sus potencialidades. Es, precisamente, el mantenimiento de estos derechos naturales, el que exige la creación de un Estado cuyo poder esté fundado en la división de poderes. justicia.

3. PARADIGMA IUSPOSITIVISTA

Históricamente, el iuspositivismo, es el paradigma jurídico dominante, desde el siglo XIX hasta aproximadamente la primera mitad del siglo XX.

3.1. Tesis "fuerte" o "radical" de la separación

En este trabajo se identifica como iuspositivistas a aquella teoría jurídicas que sostiene que el derecho debe definirse o conceptualizarse, únicamente, con fundamento en su positividad, sin referencia a otro tipo de orden normativo, especialmente, el moral. Esta idea, usualmente, se expresa afirmando que: no existe conexidad conceptual necesaria alguna entre el derecho positivo y moral crítica alguna, de manera que los ordenamientos jurídicos positivos (sistema jurídico y normas individuales) no se encuentran vinculados o en relación de subordinación a ninguna doctrina moral o a una forma de moralidad ideal, sino a las fuentes autorizadas de derecho.

El argumento de la separación, que defiende el iuspositivismo, es "radical" o "fuerte", dado que no admite conexidad alguna con la moralidad crítica, además, admite la juridicidad o validez del derecho injusto. Debe precisarse, que el iuspositivismo no niega que el derecho y la moral puedan, de manera circunstancial, relacionarse; de hecho, es posible que las normas positivas incorporen reglas y valores, que consagren ideales que también una doctrina moral o la moral social de una comunidad particular consideren importantes preservar. En el anterior sentido, un iuspositivista puede sostener la tesis de la conexidad empírica contingente entre el derecho y alguna forma de moralidad, esto es, que de manera circunstancial o en un momento histórico específico, el ordenamiento jurídico de un Estado o una comunidad política consagre disposiciones que se puedan considerar, desde una perspectiva ética, moralmente correctas; lo que no admite, es la subordinación material de la positividad o juridicidad de las normas o el sistema jurídico a una determinada

TEORÍAS JURÍDICAS. ENFOQUES Y PARADIGMAS

moralidad o principios ideales de justicia, por consiguiente, el derecho existe, está vigente, es válido o se aplica no porque sea moralmente correcto, sino porque ha sido creado por los hombre mediante decisiones (legal o judiciales) o convenciones sociales (contractos o costumbre).

Según Kelsen, el iuspositivismo es el nombre que se le da a la teoría jurídica que considera "derecho", únicamente, al creado por la voluntad humana, ello es, al derecho positivo; aunado a lo anterior, manifiesta que esta corriente sostiene, por una parte, que la previsibilidad y seguridad jurídica son valores fundamentales en la producción de las normas jurídicas, y, por otra, que el derecho y la moral constituyen órdenes sociales distintos y separados, no existiendo, en consecuencia, conexidad conceptual necesaria entre el derecho y lo justo. De lo anterior no se puede inferir, que no existe la moral o que el derecho no deba aspirar a ser justo, todo lo contrario: el derecho debe siempre aspirar a armonizarse con los ideales de justicia, pero siempre teniendo en cuenta que existen diversos sistemas o doctrinas morales (Kelsen, ¿Que es justicia?, 1992, pág. 63), lo que conlleva a que la calificación de un derecho virtuosos o correcto dependa del sistema o doctrina ética que se escoja.

Para Kelsen, las normas jurídicas y las normas morales son objeto de conocimiento de ciencias normativas distintas, las primeras, de

23

la ciencia jurídica y, las segundas, de la ética. De esta manera, Kelsen no sólo distingue dos esferas del conocimiento en las ciencias normativas, además, diferencia las ciencias normativas de las ciencias naturales. El derecho y la moral no se pueden diferenciar por el tipo de comportamiento que prescriben, pues ambas son normas sociales, tampoco se pueden distinguir por razón de su creación o aplicación, dado que ambas dependen de la costumbre o de una decisión deliberada.

La diferencia entre las normas morales y las jurídicas, radica en que las primeras constituyen un orden social que no establece sanciones, como si lo hace el segundo o, si lo hace, éstas constituyen meros reproches de aprobación o desaprobación de las conductas, por tanto, lo que distingue la moral del derecho, no es el contenido de las normas sino la forma como prescribe o prohíbe una conducta. El derecho es un orden social que busca la realización de una determinada conducta, imputándole a su contraria un acto de coerción socialmente organizado, lo que no es posible hallar en el acto moral, dado el carácter no coercitivo del mismo (Cracogna, 1998, pág. 32). En consecuencia, puede existir un derecho conforme con postulados morales (derecho justo) o no conforme con el mismo (derecho injusto) y de ello no se deriva que se pueda negar el carácter jurídico de éste último.

El argumento de la separación puede apoyarse en una concepción

TEORÍAS JURÍDICAS. ENFOQUES Y PARADIGMAS

metaética:

a. *Subjetivista*: según la cual, los juicios morales expresan emociones o apreciaciones particulares y subjetivas del emisor, por lo que conectar el derecho con la moral, permitiría que los operadores jurídicos introduzcan sus inclinaciones y deseos personales al momento de interpretar y aplicar el derecho o, en el caso de los ciudadanos, desconocer determinadas disposiciones, que juzguen incoherente con sus modelos particulares de virtud o vida buena.

b. *escepticismo*: según el cual, los juicios morales expresan propiedades metafísicas incognoscibles, de lo que se sigue, que no tiene sentido vincular al derecho positivo, histórico y contingente, a categorías metafísicas ininteligibles.

c. *Relativismo*: según la cual, si bien los juicios morales pueden expresar pautas objetivas y válidas, éstas son relativas a un contexto social, un momento histórico o una doctrina moral. En consecuencia, generalizar determinadas pautas de moralidad social o de una específica doctrina ética, puede conducir al fundamentalismo moral o a una imposición inadecuada de una modelo de vida, en detrimento de otros.

3.2. caracterización

En el iuspositivismo pueden distinguirse:

a. *Una tesis ontológica*: que afirma que el objeto de estudio o investigación de la teoría del derecho, lo constituye un dato empírico, histórico o real: el derecho positivo. Este presupuesto excluye del campo de análisis al derecho natural, por cuanto éste constituiría una realidad metafísica. La tesis de la separación o separabilidad conceptual necesaria entre el derecho positivo y la moral crítica (o entre en el derecho que es y el derecho que debería ser), así como la tesis de las fuentes sociales, según la cual el derecho es siempre producto histórico y contingente de las decisiones humanas, las convenciones o las prácticas sociales, se desprenden de este presupuesto.

b. Una tesis metodológica: que afirma que el método de la teoría jurídica tiene como propósito describir y explicar el fenómeno jurídico (tesis metodológica).

c. Una tesis semántica o epistemológica: según la cual las proposiciones o enunciados de la teoría del derecho tienen carácter veritativo o de verdad.

d. Una tesis metaética: compatible con el subjetivismo, el relativismo o el escepticismo ético.

3.3. precisiones conceptuales

Con el vocablo "positivismo jurídico", "iuspositivismo" o simplemente positivismo, en la teoría jurídica, se han identificado una serie de tesis y argumentos que, a veces, pueden resultar contradictorios. Por otra parte, en ocasiones, se tiene sobre el iuspositivismo una idea equivocada, que lo concibe como una teoría moralmente ciega, intelectualmente retrograda y políticamente opresiva. Esta caricaturización se relaciona con su supuesto amoralismo, al exigir obediencia absoluta de los ciudadanos y jueces a las leyes independientemente de su contenido moral (Campbell, 2002, pág. 317). Por ello, resulta útil para la comprensión del positivismo jurídico, distinguir y contextualizar algunos de esos argumentos e identificar el núcleo básico de su pensamiento, pues, si bien algunas tesis han sido

27

sostenidas y defendidas por autores positivistas, no dan cuenta de lo esencial del iuspositivismo. Hart sostuvo que a expresión "positivismo jurídico" se ha utilizado para hacer alusión a una teoría jurídica (Betegón, 1997, pág. 79):

a. Que sostiene que únicamente se puede considera "derecho" al creado por la voluntad humana, ello es, al derecho positivo.

b. Que no existe una relación conceptual necesaria entre el derecho y la moral (o entre el derecho que es y que existe y el que debiera ser o debiera existir.

c. De carácter analítico que se interesa por clarificar el concepto de derecho, la estructura del sistema jurídico y los conceptos jurídicos fundamentales.

d. Que sostiene que el ordenamiento jurídico constituye un sistema lógico cerrado del que pueden deducirse las decisiones judiciales sin necesidad de apelar a pautas morales o directrices políticas.

e. Que afirma que los juicios morales no pueden ser defendidos de la misma forma en que lo son los juicios sobre hechos.

TEORÍAS JURÍDICAS. ENFOQUES Y PARADIGMAS

Nino, ha sostenido que uno de los grandes problemas del positivismo jurídico, radica en que bajo su rótulo se han agrupado teorías diversas e inconexas y, en ocasiones, se lo ha identificado con doctrinas que nada tienen que ver con sus postulados, o con tesis que algunas veces fueron rechazadas por autores considerados positivistas, o sostenidas por autores positivistas, pero no como parte esencial de sus teorías (Nino, 2003, pág. 30). En igual sentido se expresa Hoerster, quien afirma que alrededor del iuspositivismo se han entretejido malentendidos y prejuicios, uno de los más importantes es aquel que imputa una concepción extremadamente genérica de la esencia del derecho, endilgándole de paso, una serie de tesis que no sólo son diferentes entre sí, sino, además, lógicamente independiente las unas de las otras; por ello, es posible aceptar alguna y rechazar otras sin caer en auto-contradicción, o analizar la fundamentación o aceptabilidad de cada una de ellas en forma separada, sin que la aceptación de una suponga la aceptación de la otra (Hoerster, 1992, pág. 9).

3.4. Enfoques del iuspositivismo

Bobbio ha distinguido tres sentidos en que puede usarse el término positivismo jurídico (Bobbio, 2004, pág. 39): como un

29

modo de acercarse al estudio del derecho (positivismo metodológico), como una determinada teoría o concepción del derecho (positivismo teórico) y como una determinada ideología sobre el derecho (positivismo ideológico). En este trabajo se retoma, en parte, la clasificación anterior y se identifican o proponen tres formas de iuspositivismo: teórico, sociológico y metodológico.

3.4.1. iuspositivismo teórico

El positivismo como teoría, se caracteriza por ser un conjunto de afirmaciones o generalizaciones, que buscan describir o explicar el derecho de manera coherente, en ese sentido, no se trataría de un método para acercarse a una realidad, sino un modo de "entenderla, de dar una descripción y explicación global de ella" (Bobbio, 2004, pág. 40). Históricamente, esta teoría constituyó el enfoque dominante en gran parte del siglo XIX, la cual articuló la existencia del derecho a las decisiones del Estado y a su poder soberano de coacción, por ello, identificó el derecho real y las normas válidas y aplicables con el derecho estatal, que usualmente se expresó en la ley (Bobbio, 2004, pág. 43). Para los partidarios de esta concepción, existe superioridad de las disposiciones creadas por el Estado frente a los otros órdenes normativos, por ello, la ley tiene mayor valor como fuente de derecho frente a cualquier otra. Dos concepciones serán expresión de este enfoque: la formalista y la antiformalista. Pero antes de abordarlas, es importante, primero, precisar las circunstancias históricas, culturales e intelectuales que dieron origen al positivismo teórico y, segundo, hacer una breve mención de los temas y problemas que este enfoque analiza.

El positivismo teórico del siglo XIX surge influenciado por varias circunstancias:

a. *La aparición del Estado moderno*: el cual conduce, por una parte, a la monopolización del derecho por la comunidad política, a quien se reconoce como su única fuente de autoridad jurídica y, por otra, la racionalización del material jurídico disperso: el derecho es el establecido en la ley por el Estado y su obediencia no depende de un fundamento trascendente e intemporal, sino de la constatación fáctica de haber sido puesto por el soberano (positividad).

b. *La consolidación de una epistemología positivista*: que predica la neutralidad valorativa del conocimiento científico y la distinción entre los juicios de hecho y los juicios de valor (excluyendo a estos últimos de la esfera de lo científico). Influenciada por esta concepción, el derecho se investigó como un hecho social y no

31

como un valor moral o político, recayendo los análisis sobre el derecho que efectivamente se manifiesta en la realidad histórica, que existe y es real (derecho positivo) y no sobre algún derecho ideal metafísico (derecho natural), por lo que queda excluida cualquier reflexión sobre el derecho justo o el derecho natural. El positivismo filosófico y científico estimuló, igualmente, la idea de una ciencia del derecho positivo (teoría del derecho o ciencia dogmática del derecho) que sustituyera a la filosofía o ciencia del derecho natural.

c. *Las grandes codificaciones producidas a finales del siglo XVIII y principios del XIX*: que permitieron ordenar, sistematizar y racionalizar el conjunto de reglas heterogéneas, anacrónicas y contradictorias del antiguo régimen y contribuyeron a consolidar la idea de que el derecho positivo, incorporado al Código civil, era el único derecho válido y aplicable.

El iuspositivismo teórico se ocupó de los siguientes temas y problemas:

a. *La distinción entre juicios de hecho y juicios de valor.* Influenciado por

TEORÍAS JURÍDICAS. ENFOQUES Y PARADIGMAS

el positivismo filosófico decimonónico que distingue entre los juicios de hecho y los juicios de valor, el iuspositivismo teórico pretende estudiar el derecho como un hecho y no como un valor, proscribiendo todo elemento axiológico o subjetivo de la definición del derecho; el concepto de derecho surge, entonces, del análisis del derecho que efectivamente se manifiesta en la realidad histórica. el positivista no se pregunta si existe un derecho ideal y si éste corresponde al derecho real, aborda su examen considerándolo como un hecho, un dato o un fenómeno y no como un valor y por ello ofrece una definición fáctica del mismo.

b. *La idea de ciencia y método jurídico.* El iuspositivismo quiere hacer de la ciencia jurídica una auténtica ciencia, por eso asimila al jurista a un científico que describe y conoce su objeto como "es" y no como "debería ser". La dimensión creativa del derecho es tarea de la legislación, mientras que la cognoscitiva es propia de la ciencia dogmática jurídica o la jurisprudencia que declara o reproduce el derecho preexistente, de los que se infiere que el operador jurídico no crea ni valora el derecho, lo contempla y describe con la objetividad y pulcritud de un científico, haciendo uso de instrumentos lógicos y racionales.

c. *Concepción coercitiva y estatalista del derecho.* Una característica esencial del positivismo jurídico es su interés por definir el derecho en función de la coacción. Esta concepción guarda relación con la concepción estatalista del derecho que predominó en el siglo XIX, en la que derecho, coacción y Estado constituyen tres categorías articuladas: la coacción caracteriza a la norma jurídica que sólo puede realizarse a través del Estado.

d. *La primacía de la ley como fuente de derecho*. Sostiene que el concepto de derecho tiene que ser definido a través del concepto de ley. Para el positivismo teórico la ley creada por el parlamento es la única fuente de derecho. La costumbre y la tradición quedan relegadas y la creación judicial del derecho prohibida. La idea de que el derecho está contenido en la ley se apoya en los principios de la separación de poderes y el argumento del legislador racional, que concibe a este como un ser dotado de cualidades extraordinarias. Para Hoerster, en la actualidad esta tesis no es sostenida por ningún positivista, pues, hoy es admitido que, además del derecho legal, existen el derecho consuetudinario y el derecho judicial (Hoerster, 1992, pág. 11).

e. *La obediencia del derecho*. Bobbio señala que, a pesar de que el positivismo pretende ser una teoría científica, algunos de sus defensores no logran mantenerse fiel a este postulado, por cuanto, no se limita a entender el derecho sino, también, a justificar el deber absoluto e incondicionado de obedecer a la ley en cuanto tal. Nino denomina a esta posición positivismo ideológico, el cual exige de los jueces obedecer y tomar decisiones según el derecho

34

vigente, no obstante, no es muy difícil encontrar algún filósofo positivista importante que adhiera a esta posición (Nino, 2003, pág. 35). Hoerster, llama a esta posición tesis del legalismo, según la cual, las normas de derecho deben ser obedecidas en todas las circunstancias independientemente del contenido que tengan, sin embargo, al igual que Nino, reconoce que esta tesis no ha sido sostenida por los más importantes positivistas, como ha quedado suficientemente ilustrado.

f. *Escepticismo ético.* Algunas corrientes cercanas al iuspositivismo teórico, sostuvieron la tesis de que no existen principios morales o de justicia universalmente válidos y cognoscibles por medios racionales y objetivos y, por tanto, no existen criterios objetivos que permitan afirmar que un derecho es mejor, desde la perspectiva moral, que otro, pues, los criterios de derecho correcto (moral) no son de naturaleza objetiva sino subjetiva. Según Hoerster, estos argumentos no hacen parte del núcleo esencial del positivismo jurídico; al igual que Nino, señala que no es contradictorio, desde la perspectiva positivista, creer en la existencia de principios objetivos o criterios válidos de lo que es el derecho recto o correcto, es decir, de lo que debe ser un derecho justo o razonable y considerarlos como parte de una ética jurídica; lo que es inadmisible, es considerarlos criterios definitorios del derecho efectivamente vigente. De igual manera, Nino afirma que esta tesis no es defendida por la totalidad de los positivistas y, por ello, no puede considerarse una tesis esencial de esta teoría jurídica, por el contrario, es perfectamente compatible con el positivismo, la creencia en principios de justicia universalmente válidos que pueden ser justificados racionalmente, aunque estos principios no se identifiquen con el derecho natural.

Habiendo aludido a las circunstancias históricas e intelectuales que dieron origen al positivismo teórico y precisado los temas y problemas que éste aborda, a continuación, se analizarán las corrientes formalista y antiformalista, que constituyeron las expresiones más genuinas de este enfoque.

3.4.1.1. Positivismo teórico-formalista

Se denominan formalistas a todas aquellas teorías jurídicas positivistas, surgidas en el siglo XIX, que sostuvieron al menos una de las siguientes tesis:

a. El derecho que debe regir y aplicarse en una sociedad es el derecho legislado, sin que los jueces y ciudadanos les corresponda hacer juicios sobre su contenido moral, social, político o económico.

b. El derecho se identifica con la ley y esta se expresa en una forma (lingüística o lógico-conceptual).

36

c. La interpretación jurídica atiende a su aspecto lógico conceptual o sintáctico-semántico.

d. El derecho legislado conforma un sistema axiomático o lógico formal sistemático, completo, coherente y sin ambigüedades.

e. El derecho se aplica a través de inferencias deductivas (silogismo jurídico)

f. El modelo epistemológico de las ciencias jurídicas es el de las ciencias formales o axiomatizadas.

Entre las corrientes más representativas de este enfoque se encuentran:

a. *Jurisprudencia de conceptos*: que tuvo como propósito elaborar una teoría del derecho positivo, que lo ordenara y representara mediante un sistema de conceptos. Para el conceptualismo, no tiene mayor importancia, en el estudio del derecho, la realidad jurídica histórica y concreta, pues, su objeto de análisis son las entidades lógicas (conceptos) que se obtienen mediante un proceso racional de abstracción y de las cuales se infieren consecuencias jurídicas. Los partidarios de la dogmática conceptualista suponen que es posible deducir, a partir de los conceptos fundamentales que se han extraído, nuevos conceptos y nuevas normas jurídicas particulares no previstas por el ordenamiento, pero, compatibles con éste.

b. *Escuela de la exégesis*: que en realidad no constituyó un movimiento de pensamiento que tuviera conciencia de poseer una época, un estilo o una dirección política. Fueron algunos autores que defendían doctrinas antagónicas (Geny y Bonnecase) quienes usaron esa denominación para sistematizar un cúmulo de ideas, en ocasiones, diversas e identificar un grupo heterogéneo de juristas (franceses) que defendieron algunas tesis comunes en torno de la ley (Botero, 2015, pág. 89). Entre las ideas pueden señalarse: la concepción estatalista del derecho, la identificación del derecho con la ley, la monopolización del concepto de justicia por la ley, uso del silogismo jurídico en la aplicación del derecho, defensa del formalismo jurídico y de la interpretación literalista.

3.4.1.2. Positivismo teórico-antiformalista

En general se denominan anti-formalistas a todas aquellas corrientes surgidas en el siglo XIX que sostuvieron al menos una de las siguientes tesis:

a. El derecho es la ley, pero esta no se identifica sólo con su expresión formal, sino también con un contenido que viene dado por las intenciones, intereses, valores o fines sociales perseguidos

38

por el legislador o el derecho.

b. El derecho no es sólo lógica.

c. el razonamiento deductivo y silogístico no es el procedimiento adecuado para resolver los problemas jurídicos.

d. el derecho legislado es incompleto, ambiguo, anti-sistemático y contradictorio.

e. El derecho cumple una función práctica en la sociedad, en tanto sirve para alcanzar fines, promover intereses y valores sociales que vienen definidos por la voluntad o intención del legislador.

f. El modelo epistemológico de la ciencia del derecho es el de las ciencias sociales.

Entre las corrientes más representativas se encuentran:

a. *Jurisprudencia pragmático-teleológica*: fue defendida por Ihering (Latorre, 1999, pág. 138), quien luego de participar de la corriente formalista-conceptualista crítica el culto a lo lógico (del conceptualismo), que quiere elevar la jurisprudencia a matemática del derecho. En contra del formalismo, sostiene que no sucede lo que postula la lógica sino lo que postulan la vida y la realidad histórico-social (Martínez, 1994, pág. 269), pues, el derecho no existe a causa de los conceptos jurídicos abstractos, sino todo lo contrario. La obra de Ihering constituirá el punto de partida para dos corrientes de pensamiento: la jurisprudencia de intereses y la escuela libre del derecho.

b. *Jurisprudencia de intereses*: defendida por Philip Heck, rechaza la idea de una jurisprudencia o dogmática teórica del derecho y defiende, en contraposición, la idea de una ciencia práctica del derecho que ofrezca al juez soluciones útiles para la resolución de los casos dudosos o casos resueltos falsamente, pues, en últimas, la labor de los jueces es la de resolver los asuntos atendiendo a las necesidades de la vida y el equilibrio entre los diversos intereses.

c. *Jurisprudencia sicológica*: desarrollada por Bierling, identifica el derecho con todo aquello lo que los hombres, que conviven en una comunidad, reconocen mutuamente como norma y regla de convivencia (Atienza, Introducción al Derecho, 2005, pág. 181). El derecho, en tanto norma, es expresión de un querer que se espera sea realizado y, en tanto reconocimiento mutuo, supone un comportamiento duradero y habitual (Larenz, 1994, pág. 60). La particularidad de la concepción del derecho, que propone Bierling, es la de reducir el derecho a fenómenos o hechos síquicos, de allí la denominación de jurisprudencia sicológica.

d. *Jurisprudencia objetiva*: que sostiene que el derecho (derecho positivo), constituye un orden mucho más racional que el pensado por sus propios autores, por ello, sólo debe ser comprendido a partir de sí mismo y de su propia conexión de sentido. Sus partidarios, si bien defienden la racionalidad de la ley, creen que esta no debe entenderse, únicamente, en el sentido propuesto por la jurisprudencia de conceptos, esto es, como conexión formal y lógica de los conceptos, sino como una racionalidad material de fines, como teleología inmanente. En realidad, los defensores de esta teoría no vieron contradicción entre sus tesis y las apreciaciones de la jurisprudencia de conceptos, consideraron que la interpretación lógico conceptual era compatible con la interpretación teleológica, que los conceptos jurídicos hallados por la ciencia del derecho eran conforme a los fines , pues, los fines perseguidos no son los reales sino los fines objetivos del derecho, aquellos derivados de las propias exigencias de la racionalidad interna del derecho (Larenz, 1994, pág. 55).

3.4.2. Positivismo sociológico

El positivismo sociológico, es también un modo de antiformalismo, pero presenta matices que le hacen diferente. Surge, influenciado por las corrientes sociológicas del derecho y las críticas de las concepciones socialistas. Las primeras muestran

41

la inoperancia y la insuficiencia del derecho positivo frente a la realidad social cambiante, al constatar la existencia de lagunas en el sistema de derecho, a su vez, sugieren la existencia de un pluralismo de fuentes de derecho. Las segundas, al mostrar que el derecho positivo no sólo tiene un sustrato sociológico sino compromisos políticos, ponen en evidencia que la pretendida neutralidad e imparcialidad de la norma, frente a los intereses sociales y las relaciones de poder, no es más que una falacia. Las corrientes socialistas muestran que el derecho no es un valor independiente, sino una forma cultural en la que inciden primordialmente los modos y las relaciones de producción; por ello, no es neutro sino un instrumento de presión y de opresión de las clases dominantes, lo que indicaría, de paso, que la ciencia jurídica carecería de valor científico y tendría, por el contrario, valor ideológico. En este enfoque, se debe distinguir entre un positivismo sociológico legalista y un positivismo sociológico anti-legalista.

3.4.2.1. Positivismo sociológico legalista

El positivismo sociológico legalista considera que el derecho si bien es la ley, su significado depende de la realidad social, de allí su interés en los métodos jurídicos de carácter sociológico. Dentro de esta tendencia se pueden identificar:

42

TEORÍAS JURÍDICAS. ENFOQUES Y PARADIGMAS

a. *Escuela científico-sociológica*: promovida por Geny, sostiene que el derecho positivo no se agota ni puede tampoco reducirse al orden normativo estatal. Según él, dos elementos deben distinguirse en el derecho: lo dado y lo construido. El primero hace referencia a las realidades de hecho (manifestación de la vida social o el espíritu popular) que constituirían el auténtico derecho, en el que incluyen los principios generales y básicos. Lo segundo, es un artificio del jurista, lo que es puesto por la inteligencia humana al sistematizar el derecho ofrecido en bruto por la sociedad. El objeto de análisis de la ciencia del derecho lo constituiría lo dado, en cuanto datos históricos, racionales o ideales que permiten construir las normas jurídicas, por el contrario, el objeto de análisis de la técnica jurídica sería lo construido, en cuanto normas establecidas por la ciencia jurídica (Martínez, 1994, pág. 257).

b. *Jurisprudencia sociológica*: sostiene que el derecho no es únicamente razón sino, esencialmente, un instrumento para la vida social y para la consecución de los fines humanos; por ello, se requiere, en el proceso de comprensión y concretización del mismo, el uso de las herramientas y del conocimiento sociológico de la realidad (Recasens, 1980, pág. 70). Oliver Wendel Holmes y Roscoe Pound son sus más importantes representantes en el ámbito norteamericano. El primero, sostiene la necesidad de apelar a elementos pragmáticos y empíricos, afirma, que el derecho no es "lógica" sino experiencia jurisprudencial, al que identifica con las predicciones de lo que los jueces harán; de hecho, esta tesis abre el camino al análisis sociológico del derecho y sienta las bases del realismo jurídico norteamericano. El segundo, es realmente quien desarrolla sistemáticamente el pensamiento sociológico en el mundo anglosajón. Según él, la función del derecho es ordenar y armonizar los intereses sociales y ser una especie de ingeniería social (Cotterrell, 1991, pág. 73), por ello, la necesidad de clasificar y formular los intereses que deben ser tenidos en cuenta y realizados mediante el derecho positivo (Latorre, 1999, pág. 141). En el ámbito europeo debe hacerse alusión a León Duguit, quien sostuvo que el objeto de la ciencia del derecho debe hallarse en la realidad empírica, pues sólo puede estar constituido por hechos sociales, de allí que la jurisprudencia deba convertirse en una ciencia social y empírica; igualmente Ehrlich, quien fue el autor de uno de los primeros textos que usaron expresamente el nombre de Sociología del derecho. Según él, la jurisprudencia no es una ciencia sino un saber práctico o, si se quiere, una técnica social que tiene como misión proporcionar al juez modelos de decisión para la solución de los casos; la verdadera ciencia del derecho es la sociología del derecho (Atienza, Introducción al Derecho, 2005, pág. 188).

3.4.2.2. Positivismo sociológico anti-legalista

Esta corriente niega que el derecho sea la ley o sólo la ley. El

TEORÍAS JURÍDICAS. ENFOQUES Y PARADIGMAS

derecho también se encuentra en la realidad sociológica o en las decisiones judiciales, por ello, es necesario apelar a las ciencias sociales para descubrir el auténtico derecho aplicable por los jueces. Bajo esta tendencia se pueden agrupar:

a. *Escuela libre del derecho*: en contraposición a las tendencias formalistas que privilegiaban a la ley como única y exclusiva fuente de derecho, sostiene el pluralismo de fuentes jurídicas, según el cual, la ley es una fracción del derecho total, dado que, al lado del derecho estatal, se encuentra un derecho primario y prioritario: el derecho creado libre y espontáneamente por el juicio jurídico de los miembros de la comunidad jurídica, por la jurisprudencia judicial y por la ciencia del derecho, del que forman parte una serie de instituciones anteriores a las leyes. Así las cosas, la labor de concreción del derecho exige que el juez y el jurista tenga un conocimiento sociológico de la realidad social.

b. *Realismo jurídico*: se opuso, igualmente, al excesivo formalismo positivista de los jueces y de la tradición de entonces. (Betegón, 1997, pág. 82). Deben distinguirse dos posiciones: el realismo jurídico norteamericano y el realismo jurídico escandinavo. Sobre el primero, se señala que sus antecedentes se encuentran en el pensamiento de Holmes, quien había expresado tiempo atrás que entendía por derecho las profecías de lo que harán los tribunales. El realismo comparte las tesis centrales de positivismo: separación

45

entre derecho y moral crítica, origen social de las normas jurídicas y creación judicial del derecho. La tarea de los estudiosos, investigadores y abogados es analizar el comportamiento de los jueces y tribunales, para predecir el comportamiento futuro de los jueces; de allí se sigue, que la tarea de la ciencia jurídica es la de predecir las decisiones judiciales y que el derecho se identifica con las decisiones judiciales (Nino, 2003, pág. 47). Las tesis que caracterizan el núcleo esencial de su pensamiento pueden sintetizarse de la siguiente manera. En primer lugar, el rechazo a explicar el fenómeno jurídico apoyado en variables endógenas o en criterios jurídico, en segundo lugar, la necesidad de apelar a las ciencias sociales para realizar tal propósito, en tercer lugar, el rechazo al formalismo, a la idea de que el derecho o su conocimiento se puede expresar mediante la construcción de un cuerpo de conceptos jurídicos sistematizados y lógicos, como lo habían propuesto la jurisprudencia de conceptos y la teoría analítica del derecho.

El más importante representante del realismo escandinavo es Alf Ross, quien propone una teoría mucho más moderada que la anterior; para él, si bien la predicción de las decisiones judiciales es importante, lo es también el derecho legislado vigente, que agrupa el conjunto de normas o directivas que probablemente tomarán en cuenta los jueces para decidir sus casos; de allí que la tarea de la ciencia del derecho sea la de predecir qué disposiciones tomarán en cuenta los jueces para decidir sus casos.

3.4.3. Iuspositivismo metodológico

El positivismo jurídico, como modo de acercarse al estudio del derecho, se le ha denominado positivismo metodológico. Se caracteriza por ser una teoría que distingue claramente entre el derecho "ideal" (derecho como valor o derecho que "debe ser") y el derecho "real" (el derecho como hecho o derecho que "es") y, además, por sostener, que sólo merece ser estudiado el derecho que "es" y que el jurista, únicamente, debe orientar sus esfuerzos en analizar el derecho que se manifiesta en el mundo fenoménico, como un hecho real. (Bobbio, El positivismo jurídico, 1993, pág. 41). El positivismo metodológico no niega que pueda existir un derecho ideal, al que llaman natural, como parámetro de una sociedad justa, lo que afirma, o mejor, lo que niega, es que tal manifestación normativa pueda ser considerada derecho de la misma manera que el derecho positivo (Bobbio, El positivismo jurídico, 1993, pág. 42). Según esta primera aserción del positivismo jurídico, se debe calificar como tal a la teoría que sostenga que el criterio para identificar una regla jurídica y distinguirla de la que no lo "es", lo constituyen ciertos hechos verificables (una norma emanada de un órgano competente según los criterios de legalidad o que sea obedecida durante cierto

47

tiempo por cierto grupo de personas o una práctica social convergente) y no su mayor o menor correspondencia con un cierto sistema de valores morales (Bobbio, 2004, pág. 42).

Para Nino, el positivismo jurídico no se identifica con las tesis del positivismo teórico (legalismo, escepticismo o formalismo) ni con el positivismo ideológico, sino con las tesis que defienden positivistas como Kelsen, Hart o Bobbio, quienes analizan o elaboran sus conceptos sobre el derecho al margen de cualquier elemento valorativo y sólo teniendo en cuenta sus propiedades descriptivas y fácticas verificables o contrastables empíricamente. Esta postura, que según Nino identifica al verdadero positivismo jurídico, es compatible con el cognitivismo ético, pues no niega que puedan existir principios morales o de justicia universalmente válidos y justificables racionalmente, de manera que no es contradictorio decir: que según los criterios o requisitos prescritos por un sistema jurídico tal regla es norma jurídica; pero, que es injusta o moralmente inaceptable para ser obedecida o aplicada por un juez.

Hoerster identifica el positivismo metodológico con la tesis de la neutralidad, que sostiene que el concepto de derecho debe ser definido a partir de criterios puramente formales o que el concepto de derecho debe describir el fenómeno jurídico de forma objetiva, ello es, neutros con respecto de su contenido, por tanto, según esta tesis, el derecho puede incorporar normas inmorales o injustas, siempre y cuando estas cumplan con los requisitos establecidos en el ordenamiento jurídico. Ahora bien, para Hoerster es evidente que un iuspositivista, al describir el derecho, estaría de acuerdo en que las normas jurídicas son normas sociales: caracterizadas por haber sido creadas de acuerdo con la Constitución eficaz de una sociedad, que hacen parte de un orden normativo que prevé el uso de la coacción física, que son aplicadas regularmente por los funcionarios estatales y cuya desobediencia acarrea la actualización de la amenaza prevista. No obstante, un positivista puede afirmar que una ley que permita la segregación racial o la tortura es derecho por razones formales, pero, dado que vulneran el contenido mínimo de exigencias morales de justicia y de los derechos humanos deben ser rechazadas y, por tanto, no obedecida.

En la actualidad, las tesis que definen al positivismo metodológico fueron propuestas por Hart y son compartidas por los más importantes filósofos del derecho, estas son: la tesis de la separación conceptual entre el derecho y la moral, la tesis de las fuentes sociales del derecho y la tesis de la discrecionalidad judicial.

El positivismo jurídico, es la corriente que sostiene que el derecho de una comunidad consiste en un conjunto de normas que se identifican por pruebas que no tienen nada que ver con su contenido sino con su origen (tesis de las fuentes sociales), las cuales sirven para saber qué comportamientos serán castigados o sometidos a coacción (Dworkin R., Los derechos en serio, 1999, pág. 65). Para el positivismo jurídico, además, este conjunto de normas jurídicas, que considera válidas, agota el concepto de derecho, de tal manera que si un caso cualquiera (caso difícil) no puede resolverse apelando a la norma porque cae en lo que denomina la zona de penumbra, entonces no se puede apelar a la ley, y el funcionario (juez) puede hacer uso de su discrecionalidad (tesis de la discrecionalidad); como consecuencia de lo anterior, para el positivismo jurídico, decir que alguien tiene una obligación jurídica equivale a decir que su caso cae dentro de una norma jurídica válida, de suerte que cuando el juez ejerce su discreción no está imponiendo un derecho jurídico (Dworkin R., Los derechos en serio, 1999, pág. 65).

En síntesis, la tesis de la separabilidad o la separación, sostiene que no hay conexión conceptual necesaria entre el derecho como es y cómo debe ser (moral) (Hart, Positivismo y la separación de la ley y la moral, 1958, pág. 593) o que el derecho (positivo) y la moral (crítica) pueden ser independientemente identificados y analizados sin tener que recurrir a referencias reciprocas (Coleman, Negative and positive positivismo, 1982, pág. 139). La tesis de las fuentes sociales, afirma que el último criterio de reconocimiento del

50

TEORÍAS JURÍDICAS. ENFOQUES Y PARADIGMAS

derecho vigente en un sistema jurídico está dado por alguna forma de práctica social y, por tanto, que la existencia y contenido del derecho o lo que "es" derecho en una comunidad, depende de hechos sociales complejos, que son los que determina las fuentes del derecho y los criterios últimos de validez jurídica. La tesis de las fuentes sociales remite a la regla reconocimiento; en ese sentido, los iuspositivistas están comprometidos con la regla de reconocimiento como una regla social y, entienden, que una regla social supone la existencia de una conducta convergente aceptada desde el punto de vista interno (Coleman, 1998, pág. 262). Finalmente, la tesis de la discrecionalidad afirma que el sistema jurídico es indeterminado e incompleto y, por ello, siempre existirán casos no previstos o no regulados legalmente (casos difíciles); en estas situaciones, si el juez quiere decidir y no inhibirse o no tener que remitir el caso al legislativo, debe usar su discrecionalidad y, a veces, crear derecho, dado que esa discrecionalidad esté limitada por la propia legislatura (Hart, pág. 7).

Entre las versiones más relevantes del positivismo metodológico se encuentras la teoría pura del derecho y la jurisprudencia o positivismo analítico.

3.4.3.1. Teoría pura del derecho

Kelsen se propuso elaborar una teoría general del derecho que le permitiera hablar de una ciencia jurídica verdadera, lo que sólo es posible si le devuelve el carácter normativo al derecho (Kelsen, 1970, pág. 9). Según Kelsen, el derecho no tiene que ver con la conducta efectiva de los hombres (que estudia la sociología) o con fenómenos síquicos (que le interés a la sicología) sino con "normas jurídicas", por tanto, sólo podía ser ciencia si se asume como doctrina de las formas puras del derecho, de cuyo contenido se han de ocupar la dogmática jurídica sociología y las disciplinas históricas. Según él, una teoría general del derecho debe ocuparse del esquema conceptual y metodológico de la ciencia jurídica y no de las otras actividades frente al derecho como la de los jueces y abogados (Nino, 1999, pág. 20).

El calificativo de "pura", para su teoría, se debe a que la teoría busca un conocimiento del derecho con exclusión de todo aquello que no se ajuste a la noción exacta de su objeto (normativo y jurídico) y porque propone un método que quiere expulsar de la ciencia jurídica todos los elementos que le son extraños (la moral y los hechos sociales); pero, la depuración sólo es posible si, por una parte, se excluye la referencia a todo juicio de valor (neutralidad valorativa), que presupone la separación entre el derecho y la moral y, por otra, se distingue entre juicios del "ser" y juicios del "deber ser". La idea de neutralidad valorativa está atada a la tesis de la separación entre el derecho y la moral, mientras que la separación entre ser y el deber ser, permite ubicar a la ciencia jurídica como una ciencia normativa y no como una ciencia de hecho, ello es, como una ciencia que estudia un "deber ser" y no un "ser".

Si la neutralidad valorativa le garantiza a la ciencia jurídica su carácter de ciencia, la distinción entre "ser" y "deber ser" le asegura su especificidad (Bastida, 2001, pág. 67). Los juicios del "ser" describen hechos y los explican por sus causas, mientras que los juicios del "deber ser" prescriben acciones y las justifican con fundamento en razones. La ciencia del derecho es, en esencia, una ciencia normativa; tiene que ver con normas, con el "deber ser", pero no en relación a su aspecto material sino en sus estructuras formales, pues el contenido (axiológico y valorativo) no es accesible al conocimiento científico. (Bastida, 2001, pág. 66). De lo anterior se infiere, que la ciencia del derecho no es una ciencia de hechos ni se interesa por lo factico, como la sociología, es una ciencia de normas que se ocupa de lo jurídicamente preceptuado; así las cosas, su carácter científico depende de la pureza de su método frente a la ciencia de los hechos y de la pureza de su objeto frente a los dogmas de naturaleza ética o religiosa. (Larenz, 1994, pág. 91). Esto, permite diferenciar la teoría pura del derecho de la teoría del derecho natural (que considera que la identificación de los sistemas jurídicos particulares exige adoptar una posición valorativa acerca de su justificación moral) y de las ciencias sociales, pues su objeto de estudio no son los hechos sociales o las acciones humanas, sino las normas positivas.

El objeto de la ciencia jurídica, según Kelsen, es el conjunto de normas, el ordenamiento jurídico, que, como ya lo vimos, constituye una realidad distinta a la realidad empírica, pues pertenece al mundo del "deber ser". La ciencia jurídica cumple una función ordenadora de la realidad jurídica: posibilita el tránsito de una multiplicidad de normas generales y particulares, producidas por los órganos y autoridades jurídicas, a la conformación de un sistema unitario y coherente; esta afirmación, parte de una premisa: el derecho es una realidad compuesta por un conjunto de normas heterogéneas (Constitución, leyes, decretos, etc.) que funcionan según unos criterios de validez (jerarquía, temporalidad, etc.).

La teoría pura del derecho es una teoría del derecho positivo y el modelo de ciencia jurídica que propone Kelsen, la cual tendría como objetivo determinar los elementos y características que permiten describir, explicar y comprender cualquier sistema jurídico moderno, con independencia de cualquier consideración axiológica (Kelsen, 1970, pág. 15), pues, a diferencia de la ciencia dogmática del derecho, que se interesa por el contenido del derecho y de la filosofía moral que lo valora, el modelo de ciencia kelseniano describe y explica la estructura lógica del sistema jurídico y el fundamento de validez del derecho (Larenz, 1994, pág. 94).

Dos conceptos son fundamentales en la construcción de la teoría pura como ciencia del derecho: sistema jurídico y de norma fundamental. Estas dos nociones constituyen las categorías centrales en el análisis científico del derecho positivo.

Respecto de lo primero, la teoría pura del derecho distingue entre ordenamientos normativos dinámicos y ordenamientos normativos estáticos, asimilando el derecho a la primera categoría y la ética y las doctrinas morales a la segunda. Los sistemas normativos estáticos fundan la validez o coherencia de la norma en el contenido de las mismas, las normas valen porque son justas, bondadosas o razonables en su contenido, o porque éste puede ser subsumible o deducible del contenido de una norma anterior. Los sistemas normativos dinámicos remiten la validez de las normas a un criterio de autoridad, las normas pueden tener el contenido que quieran, pero son válidas si han sido autorizadas o promulgadas por el órgano competente o por una norma superior. Las normas jurídicas, en tanto juicios del "deber ser" sólo pueden apoyarse en otra norma, no en un juicio del "ser" o en hechos, advirtiendo, que esta relación entre las normas no es de concordancia de contenidos, sino de delegación de autoridad (Soriano, 1993, pág. 122).

En relación a lo segundo, Kelsen considera que las fuentes del derecho se encuentran jerárquicamente subordinadas en torno a una fuente suprema, que atribuye directa o indirectamente carácter jurídico a todo el conjunto de disposiciones: la norma fundamental, que permite, no sólo otorgarle validez a la primera norma jurídica del sistema (la constitución), sino también, interpretar en resto de disposiciones como objetivamente válidas, con independencia de las relaciones de fuerza y de las explicaciones causales que se pueda realizar a partir de estas últimas. la norma fundamental permite la juridificación, la normativización del poder político; pues, a pesar de que cada norma del sistema es creada por actos o decisiones humanas, que en esencia son fenómenos del "ser", su validez no deriva de esa facticidad sino de otra disposición jurídica que autoriza su creación, la cual, a su vez, es válida porque otra norma reglamenta su creación y así sucesivamente hasta llegar a la norma fundamental, que no es establecida por ningún acto humano y que debe asumirse como un "puro sentido objetivo" que válida el sentido subjetivo del acto de voluntad de la primera de las normas positivas.

56

TEORÍAS JURÍDICAS. ENFOQUES Y PARADIGMAS

3.4.3.2. Teoría analítica del derecho

Inglaterra es el escenario de una de las más importantes teorías jurídicas sobre el derecho positivo. Sus autores más representativos son Bentham, Austin y Hart, quienes sentaron las bases de lo que se ha denominado jurisprudencia analítica o la teoría analítica de derecho (Bobbio, 2004, pág. 106).

El primero de ellos en el tiempo, Bentham, identifica el derecho, las normas jurídicamente existentes con el poder efectivo, lo que se infiere de su definición del derecho como un conjunto de mandatos y prohibiciones que emanan del soberano de una comunidad y de su concepción de la norma como un imperativo jurídico. Un elemento a tener en cuenta, en el estudio de la teoría jurídica que propone Bentham, es su idea de construir una teoría objetiva del derecho que se apoye en la experiencia y que lo describa en términos de hechos sociológicos. Su análisis distingue dos posiciones epistemológicas: la del expositor y la del censor. Al primero corresponde explicar: "¿qué es el derecho?, tal como se entiende y da origen a la "jurisprudencia expositora", que describe el derecho tal y como ha sido (histórica) o tal y como es en la actualidad; al segundo, le corresponde decir: "¿qué cree debe ser el derecho?" y da origen a la "jurisprudencia censoria" (Bentham, 1973, pág. 28). Esta distinción es fundamental, pues en últimas, el derecho es lo que el expositor observa y dice que es el derecho, guiado por la percepción, la memoria y el juicio (Hart, 1994, pág. 96).

Una diferenciación parecida se encuentra en Austin, quien distingue entre jurisprudencia y ciencia de la legislación. La primera, analiza el derecho vigente, el derecho tal y como es, la segunda, el derecho que debería ser; además, subdivide la jurisprudencia en general y particular. La primera, también llamada filosofía del derecho positivo, se dedica a estudiar los principios, nociones y conceptos que son comunes a todos los ordenamientos jurídicos posibles; la segunda, examina las características propias de cada ordenamiento jurídico.

Una particularidad en su forma de entender la jurisprudencia, es que no la consideró, únicamente, como un saber pragmático o como una simple técnica, por el contrario, pensó que era posible obtener un conocimiento científico del derecho, si se diferenciaba, el derecho en cuanto realidad histórica y particular (derecho positivo), que tiene carácter contingente y singular, del derecho pensado en abstracto, que constituiría una realidad formal, permanente y universal, independiente del contenido: los principios, nociones y distinciones (concepto de deber, de libertad) que son comunes a todos los sistemas jurídicos particulares y constituyen el fundamento de todo ordenamiento jurídico.

TEORÍAS JURÍDICAS. ENFOQUES Y PARADIGMAS

La ciencia jurídica se identificaría con una teoría del derecho que estudia, mediante la inducción y el análisis, lo común de los diversos sistemas jurídicos, buscando extraer y sistematizar de ellos los principios o conceptos fundamentales; mientras que el análisis y conocimiento de los derechos positivos, especialmente su contenido, corresponde a la llamada Jurisprudencia nacional o particular. La ciencia del derecho tendría un carácter a posteriori y empírico, pues, mediante el examen de los derechos históricos y particulares extraería, a través de la inducción y la experiencia (como en las ciencias empíricas), los principios universales.

Austin, al igual que Bentham, defiende una concepción imperativista del derecho (Betegón, 1997, pág. 76), al que identifica con un conjunto de órdenes de un superior político dirigido a todos aquellos que se hallan sometidos a él y quienes habitualmente lo obedecen o, si se quiere, como un conjunto de órdenes respaldadas por amenazas y habitualmente obedecidas. Según Austin, el derecho puede ejemplificarse en la orden del soberano, quien expresa sus deseos respecto de la conducta amenazando al súbdito con un mal en caso de desobediencia, de la misma manera que el asaltante lo hace con su víctima, es por ello, que define el derecho como un conjunto de órdenes respaldadas por amenazas y habitualmente obedecidas.

Bentham y Austin son representantes de una primera etapa o

momento de la teoría analítica del derecho que se desarrolló en el siglo XIX. En el siglo XX, esta tendrá una versión más sofisticada en la teoría jurídica que propone Hart, para quien la pregunta sobre lo que es el derecho, remite a tres problemas recurrentes. Dos relativos a las pautas y directrices que hacen que la conducta deje de ser optativa y se convierta en obligatoria, particularidad que no se encuentra, únicamente, en las normas jurídicas y un problema relativo a la existencia de reglas en el derecho.

Hart sostiene que, en un primer sentido, la conducta deja de ser optativa y se transforma en obligatoria, cuando alguien se ve constreñido a actuar bajo la amenaza de otro y a sufrir consecuencias desagradables, si se rehúsa. Éste sería el caso del asaltante que ordena a su víctima entregarle el bolso bajo la amenaza de causarle un mal. Para Hart, es evidente que en un sistema jurídico moderno se pueden encontrar disposiciones que puedan presentar cierta similitud con la situación reseñada, pero reducir los complejos fenómenos del derecho a ese elemento simple, la coacción, puede ser fuente de confusión (Rodríguez, 2002, pág. 20). De lo anterior, surge un primer cuestionamiento relativo a las relaciones y diferencias que existen entre una obligación jurídica y las órdenes respaldadas por sanciones o amenazas.

En un segundo sentido, la conducta deja de ser optativa y se convierte en obligatoria cuando así lo determinan las normas morales, pero, de una manera diferente a como lo realizan las amenazas o las normas jurídicas, a pesar de que el sistema jurídico presenta puntos de contacto con ella, no sólo porque comparten un vocabulario común (deber, obligaciones, etc.) sino porque, además, normalmente, el derecho reproduce exigencias morales básicas compartidas por los ciudadanos. De lo anterior, surge un segundo cuestionamiento, relativo a las relaciones y diferencias entre la obligación jurídica y la obligación moral.

Finalmente, el tercer problema surge de la constatación de que el sistema jurídico está conformado por reglas, pero, la confusión y la falta de certeza respecto de esta noción da lugar a dudas sobre a la especificidad o particularidad de las reglas y su participación en el sistema jurídico.

Para Hart, la imagen del asaltante y el asaltado, con la que Austin ejemplifica su noción de obligación, no describe correctamente la idea de obligación jurídica, debido a que la víctima "se ve obligada" o se encuentra coaccionada y en tal situación, es evidente que no se puede decir que el asaltado "tenía la obligación" o "el deber de acceder", por tanto, esta imagen no permite comprender la idea de obligación en el derecho, porque una cosa es "verse" obligado, como en el caso del asaltante y otra, "tener" la obligación, como en el caso del cobrador de impuesto que exige, a nombre del Estado, el tributo. Según Hart, en la situación del asaltado no existe obligación, pues, para que se pueda hablar de ésta se requiere de reglas sociales, porque es en virtud de la regla que un comportamiento es asumido como modelo o pauta de conducta y es la existencia de esa regla la que permite aplicarla a una persona particular cuando su caso queda cobijado por ella.

Para Hart, no debe confundirse el "sentirse" obligado y el "tener" la obligación debido a que no son equivalentes, aun cuando las dos cosas puedan aparecer al mismo tiempo, pues, lo primero es un simple sentimiento psicológico que puede aparecer concomitante con lo otro. Para ello resulta útil distinguir el aspecto externo o punto de vista externo de las reglas, del aspecto interno y el punto de vista interno. En el primer caso, remite al observador y a los enunciados externos, mientras que, en el segundo, al participante y a los enunciados internos.

La particularidad del observador es que, cuando se refiere a las reglas, lo hace desde afuera del sistema, sin comprometerse con ellas o sin aceptarlas. Su función es la de describir la manera en que los participantes aceptan las reglas desde el punto de vista interno. En ese sentido, la posición del observador se asimila, en parte, al expositor de Bentham, pues sus enunciados tratarían de captar las regularidades o la conformidad de la conducta de los participantes con la norma y hasta podría predecir con algún grado de acierto el comportamiento futuro del grupo. Los enunciados formulados por el observador se valoran como verdaderos o falsos teniendo en cuenta su grado o no de conformidad con la realidad que describe.

El punto de vista del observador permite saber qué miembros de la comunidad rechazan la reglas sociales o quienes se interesan en cumplirlas, por ello, desde esta perspectiva, la situación del asaltante y el asaltado es similar a la del cobrador de impuesto y el súbdito, en ambos casos "se vio obligado a hacerlo"; para poder afirmar que "tenía la obligación", se requiere del punto de vista interno, del participante, de aquel que reconoce la regla y la acepta como guía de su conducta en la vida social. En este caso, la regla no funciona como predicción de la hostilidad que sobrevendrá si no se acata, actúa como una razón que justifica esa hostilidad, por otra parte, las apreciaciones y el lenguaje usado no describen una regularidad, más bien justifican las acciones o sanciones. Los enunciados en este caso se valoran, no como verdaderos o falsos sino como adecuados, razonables o legales.

El sistema jurídico está compuesto de reglas, pero, sostiene Hart, que no es posible hablar de sistema jurídico si sólo existen las reglas primarias que imponen a sus destinatarios una determinada conducta mediante la estipulación de acciones u omisiones obligatorias. Tal sistema adolecería de tres defectos: la falta de certeza respecto del derecho válido, el carácter estático de las reglas y la ineficiencia de la difusa presión social. Por ello, la existencia de un sistema normativo requiere no sólo de reglas primarias, sino también de reglas secundarias que den cuenta del elemento organizativo e institucional. Las reglas primarias se ocupan de las acciones que los individuos deben o no ejecutar y, por ello, sirven de base para criticar o ponderar las conductas de los individuos según la conformidad o no que guarden con la regla; las reglas secundarias se ocupan o regulan las reglas primarias y cumplen respecto de ellas funciones básicas: de cambio, de adjudicación y de reconocimiento.

a. *Reglas de cambio*: permiten la adaptación de las normas jurídicas a la realidad social, pues, ellas indican el procedimiento para eliminar, derogar o introducir nuevas reglas al sistema jurídico; sin las reglas de cambio se tendría un ordenamiento jurídico estático, ya que no habría manera de adaptar las reglas jurídicas a la realidad cambiante.

b. *Reglas de adjudicación*: permiten establecer cuándo una regla primaria ha sido o no violada y aplicar la sanción instituida. Estas normas señalan los procedimientos, las autoridades y las ritualidades a seguir cuando se considera que una regla fue violada o un derecho desconocido y establece la forma como se imponen las sanciones correspondientes. De no existir este tipo de reglas, habría ineficacia en la difusa presión social necesaria para hacer cumplir las reglas.

c. La *regla de reconocimiento*: permite establecer el criterio o los criterios para reconocer a las reglas como derecho válido, al señalar las características que debe tener una norma para que pueda ser calificada de jurídica e identificada como parte del sistema. De no existir la regla de reconocimiento, en el momento en que existieran dudas sobre una norma jurídica, no habría manera de establecer ni su obligatoriedad ni su alcance; por ello, es indispensable en todo sistema jurídico moderno, la existencia de una regla que permita reconocer e identificar las normas que pertenecen al sistema. La regla de reconocimiento resuelve el problema de la falta de cereza sobre el derecho que obliga en una comunidad, igualmente, cumple el papel de norma fundamental: garantiza la unidad del sistema y el criterio último de validez.

Otra idea básica de la teoría de Hart, es el carácter abierto e indeterminado del derecho. Usualmente se considera que la comunicación mediante el ejemplo deja abierto un campo de dudas respecto de lo que se quiere indicar o expresar, por el contrario, la comunicación mediante reglas generales aparecería como clara, segura y cierta, pues, en este caso, se dispone de una descripción verbal que permite decidir qué es lo que debe hacerse y cuando, y sólo se requiere de subsumir hechos particulares en los conceptos generales y extraer una conclusión silogística. Hart señala, sin embargo, que dicha distinción no es tan evidente, debido a que en todos los campos de la experiencia se encuentran limitaciones inherentes al lenguaje humano, que hacen que las reglas se encuentren en un halo de vaguedad o de textura abierta; de suerte que existirán casos en los que la aplicación de la norma parece obvia y existirán otros en que no, así es indiscutible que un automóvil es un vehículo, pero no parece tan clara en el caso de una bicicleta, en circunstancias como estas, el funcionamiento del lenguaje general no se distingue en absoluto de la indeterminación presente en el ejemplo.

En la medida en que las reglas deben servirse de conceptos o términos clasificatorios generales que deben ser aplicados a hechos concretos, que no siempre encajan en el significado previsto, debe admitirse que el derecho formulado en las reglas, en ocasiones, aparece indefinido debido a la textura abierta inherente a los lenguajes naturales; por tanto, cualquiera sea la técnica usada para comunicar pautas de conductas generales, precedente o legislación, en algún momento, al ser aplicadas, especialmente en los casos no rutinarios, se encontrarán indeterminadas. De lo anterior se infiere que, al estar elaboradas las reglas en un lenguaje usualmente ambiguo y vago, puede identificarse un núcleo claro en éstas, en el que el derecho está

TEORÍAS JURÍDICAS. ENFOQUES Y PARADIGMAS

determinado (casos fáciles) y una zona de penumbra en donde es dudoso y no se tiene certeza sobre la norma aplicable (casos difíciles), exigiendo del juez buscar razones fuera de la legislación y apoyarse en argumentos extralegales (Bayón, Derecho, convencionalismo y controversia, 2002, pág. 61).

El uso de reglas generales es una necesidad de la condición humana y se desprende de dos limitaciones: la relativa ignorancia sobre los hechos y la relativa indeterminación de propósitos. Si la vida de los individuos y el mundo social y natural en que esta se desarrolla, se caracterizara por un numero finito de posibilidades y de acciones, bastaría con elaborar un conjunto finito y determinado de regla específicas para regular los diferentes y previsibles cursos de acciones, pero esa no es la realidad a la que se enfrenta el legislador, quien no puede prever todas las contingencias y situaciones en las que se pueden ver involucrados los individuos y las instituciones. Es esta incapacidad la que trae consigo la relativa indeterminación de propósitos y la necesidad de reglas cargadas de conceptos generales que se elaboran teniendo en cuenta los casos claros o paradigmáticos.

El formalismo y, en especial, el conceptualismo pretendió minimizar la vaguedad del derecho o la necesidad de elección por parte del juez, intentando congelar el significado de los conceptos, pero ello, ha resultado realmente inútil. La mayoría de los sistemas jurídicos establecen reglas que pueden ser usadas por los particulares sin ninguna guía oficial o sin que se requiera hacer elección alguna y reglas cuya solución requieren de la elección oficial informada en el momento en que se aplican a un caso concreto, como cuando se delega en un cuerpo administrativo para que regule ciertas normas generales o como cuando se deja en manos de un tribunal la necesidad de valorar razonablemente las pretensiones sociales no previstas, que surgen de su existencia: en ambas situaciones se debe presuponer que no existe una única respuesta correcta y que existe discrecionalidad de quien actúa.

Al considerar Hart, que el derecho es indeterminado, siempre existirán casos no previstos o no regulados legalmente en el que, si el juez quiere decidir y no inhibirse o no tener que remitir el caso al legislativo, debe usar su discrecionalidad. En este caso, el juez debe salir fuera del Derecho y ejercer su poder de creación, actuando como lo haría un legislador consiente de sus creencias y valores, no arbitrariamente, sino apelando a unas razones generales que justifiquen su decisión. Ahora bien, este poder de creación no es equiparable al del legislador, sobre todo porque los poderes conferidos al juez son intersticiales, para un caso particular, y no pueden ser usados para proponer reformas de gran alcance.

4. PARADIGMA POSPOSITIVISTA

Desde la segunda mitad del siglo XX, se experimenta una crisis de la tesis que desconectaba al derecho de la moral y de la idea de lo justo (tesis fuerte de la separación), poniendo en cuestión, la idea de que el derecho valido y aplicable era el creado o autorizado por el Estado. A partir de entonces se produce: un progresivo cuestionamiento de los fundamentos de las teorías jurídicas positivistas, un acercamiento del pensamiento jurídico a la filosofía moral y el surgimiento de nuevas concepciones filosóficas sobre el derecho, que proponen una nueva apertura al tema de los valores y a la argumentación práctica, replanteando la rígida distinción entre el derecho y la moral (Faralli, 2007). Lo anterior influenciará en muchos autores, quienes invocarán la existencia de máximas de justicia y principios morales en las discusiones sobre la naturaleza del derecho (a los que le atribuyen la misma o mayor fuerza normativa que la norma positiva), replantearán sus enfoques metaéticos y propondrán nuevos enfoques sobre el del razonamiento jurídico y de la decisión judicial.

4.1. Tesis "débil" o "moderada" de la vinculación

En este trabajo se identifica como pospositivista aquellas teorías del derecho que, si bien afirma que no es posible definir el derecho al margen su moralidad o justicia (existe conexidad conceptual necesaria entre el derecho y la moral), no sostiene la tesis radical de que los ordenamientos jurídicos positivos (sistema jurídico y normas individuales) se encuentran en relación de subordinación a una doctrina moral o a una forma de moralidad crítica. Estas teorías lo que argumentan es que los sistemas jurídicos modernos incluyen una serie de pautas (principios y valores) que conforman un núcleo de moralidad necesario, que expresan los ideales de democracia y de justicia del momento histórico actual y no puede ser desconocido por los Estados constitucionales y democráticos de derecho

El pospositivismo, a diferencia del iusnaturalismo, no considera que el derecho se supedita a una doctrina moral específica y, por

70

tanto, que un ordenamiento jurídico debe considerarse como parte o prolongación de una moralidad ideal, tampoco considera que la moral flota o constituye una exterioridad al derecho, sino todo lo contrario, afirma que la moral está incluida dentro de los sistemas jurídicos. A diferencia del iusnaturalismo, el pospositivismo no moraliza el derecho sino positiviza o juridifica la moral.

El pospositivismo no niega la positividad del derecho, reconoce que el derecho eficaz creado conforme a la legalidad y el ordenamiento jurídico es derecho, incluso, aun cuando pueda ser valorado como injusto por una particular doctrina ética, lo que afirma es que no puede ser contrario a ciertos principios de justicia que fundan los ideales de la modernidad y de la democracia constitucional y establecen un límite infranqueable, más allá cual se debe hablar de injusticia extrema. En este caso la simple injusticia (oponerse a una doctrina o concepción moral) no invalida a una norma positiva, se requiere que esta ordene, prohíba o permita comportamientos que traspasan el umbral de lo tolerable como injusto (derechos humanos, derechos fundamentales) para que se considere que no es derecho.

Este último aspecto es importante y merece ser resaltado para no caer en confusiones: mientras el núcleo de moralidad para el iusnaturalismo viene dado por una específica y concreta doctrina moral ideal, para el pospositivismo el núcleo de la moralidad lo constituyen los principios de justicia que garantizan las libertades, los derechos básicos y los ideales de la democracia (derechos civiles y políticos, derechos humanos y derechos fundamentales).

4.2. Caracterización

En el pospositivismo pueden distinguirse:

a. *Tesis ontológica*: que sostiene que el sistema jurídico está integrado por compuesto por dos tipos de normas (objetos): reglas positivas y principios y valores morales. Los primeros se expresan en normas positivas contingentes y particulares creadas de manera autoritativa por las acciones, decisiones o convenciones de los individuos concretos. Los segundos constituyen conquistas de la cultura política de la modernidad expresadas en declaraciones generales de derechos, textos políticos clásicos y la moralidad política.

b. *Tesis metaética*: cercana al constructivismo ético que, si bien defiende un cognitivismo y un objetivismo en materia moral, no

72

se compromete con el dogmatismo y el realismo ético, como si lo hace el iusnaturalismo.

4.3. Formas de pospositivismo

Como consecuencia de las críticas a la epistemología positivista que conducen a la rehabilitación de la razón práctica como fundamento de la discusión de los problemas morales, de la crisis de los enfoques metaéticos y el retorno a una filosofía moral compatibles con el cognitivismo y el objetivismo moral y de la necesidad cada vez más apremiante de invocar los principios morales en la teoría y en la práctica del derecho, se produce en la filosofía del derecho, a partir de la segunda mitad del siglo XX, un interés por replantear el problema de la conexidad y los límites entre el derecho y la moral, que hasta entonces parecían claros. A continuación, algunas de las teorías jurídicas que mejor expresan este paradigma.

4.3.1. Moralismo legal

El problema de la moralización del derecho o de la imposición de la moral social dominante a través de las normas jurídicas positiva, había tenido una respuesta de Mill, en el siglo XIX, quien sostuvo que el único fin por el cual está justificado que la humanidad interfiera en la libertad de acción de alguno de sus miembros, es la propia protección del individuo o para prevenir el daño a tercero, considerando injustificado, obligar a otra persona a realizar u omitir algún acto porque a juicio de la mayoría era mejor para él, lo hacía más feliz, más sabio o fuese lo moralmente correcto (Mill, 1986, pág. 65). El anterior argumento contiene dos principios: el primero sostiene que se justifica la coacción sobre un individuo si el propósito es su propia protección o la prevención del daño a tercero, el segundo afirma que el propio bien de los individuos nunca justifica tal coacción (Dworkin G., 1990, pág. 147). Una respuesta parecida fue proporcionada por el informe Wolfenden (1957), que había considerado justificado despenalizar la homosexualidad y la prostitución, siempre y cuando no fuesen realizados en lugares públicos, pues no era de la incumbencia del Estado entrar a regular las conductas privadas de los hombres adultos que conciernen sólo a ellas y que no afecten a terceras personas.

Contrario al informe Wolfenden, Devlin piensa que la sociedad tiene el deber de defenderse de aquellos actos que arruinan o afectan gravemente la moral social y que pueden conducir a su desintegración moral (Devlin, 2010, pág. 58). Su tesis es que los miembros de una sociedad no solo comparten ideales políticos, sino también un conjunto de creencias morales que constituyen un sustrato innegociable para vivir dentro de una determinada comunidad, pues, la moral no siempre remite a asuntos privados sino, también, a la moral social o pública, sobre la cual la comunidad tiene derecho a pronunciarse.

Devlin considera que la sociedad tiene una especie de derecho a defenderse, a fin de evitar su propia destrucción, obstaculizando aquellos actos que arruinan o afectan gravemente sus normas morales principales (Malen, 2010), por ello, equipara la estructura moral a la estructura política de una comunidad y sostiene que ambas deben defenderse y mantenerse, porque así como la rebelión afecta el cuerpo político, la inmoralidad afecta la integridad del cuerpo social, por ello, se justifica la expedición de ciertas leyes que impongan determinadas reglas morales, las cuales deben considerarse como la expresión de un acto de autodefensa de su integridad. Infiere, por consiguiente, que la sociedad tiene derecho prima facie a legislar en contra de la inmoralidad , que no se identifica con aquello que atenta contra una doctrina moral específica (moral ideal) o lo que piense la mayoría, sino con aquel estándar moral que en la cultura (inglesa) se ha denominado "el hombre de autobús de Clapham" o "el buen padre de familia" y quien representaría al hombre razonable, recto de entendimiento y sentimiento, guiado por el sentido común y no por la simple razón .

En oposición a la tesis de Devlin, Hart no considera que la función del derecho (especialmente el penal) sea la de imponer un principio o una concepción moral y, si bien no se opone a que una ley pueda prohibir actos inmorales en cuanto afecten a terceros o al orden público, no cree que este argumento pueda justificarse en el ámbito privado de las personas, por ello, considera importante distinguir entre paternalismo e imposición de la moralidad.

Mediante la primera, se busca proteger a una persona que se encuentra en un estado de vulnerabilidad, como en el caso de las normas que prohíben el consentimiento de las víctimas en la comisión de delitos para exonerar al agresor; mediante la segunda, se busca imponer la moral social de un grupo humano que es mayoría a otro grupo humano que es minoría o a un individuo. Lo primero, según Hart, es una política perfectamente coherente y, de ello, abundan los ejemplos en el derecho, mientras que lo segundo es inaceptable (Hart, 2010, pág. 123). Reconoce que toda comunidad necesita de cierto grado de moralidad compartida para su existencia y estabilidad, de allí que se deba usar el derecho para preservar la moral, de la misma manera que se usa para preservar cualquier otra cosa que se considere esencial para su existencia (tesis moderada), pero ello, no puede conducir a que se deba imponer la moral.

4.3.2. Moralidad interna del derecho

La tesis de la moralidad interna del derecho fue formulada por Fuller, quien sostuvo que un sistema jurídico debe poseer ciertas características que definen su moralidad interna y que son las que permiten que un ciudadano pueda sentirse obligado. En su obra, Morality of Law, Fuller explica cuáles son las características que un sistema jurídico debe tener para poder ser considerado como tal. Estas características constituirían la moral interna del derecho y se refieren a que las leyes deben ser generales, publicadas, prospectivas, no retroactivas, inteligibles, consistentes, acatables, duraderas, sin cambios indebidos y aplicados en la administración de la sociedad. Los criterios antes anotados constituirían más bien una moral formal y hasta podrían ser defendidos por un positivista, pues para Fuller lo que hace un sistema inmoral no es que contradiga algún valor superior sino uno de los criterios antes anotados.

La discusión en torno a la conexión entre la moral y el derecho también tuvo un acápite especial entre L. Fuller Y H. Hart en la segunda mitad del siglo XX. Este debate tiene sus antecedentes en la postura de Radbruch sobre la legalidad de las leyes en el régimen nazi. Hart rechaza la tesis de Fuller con el argumento de que una ley nazi pueda ser considerada no válida por las circunstancias en que fue dictada derecho.

4.3.3. El neo-iusnaturalismo

La teoría del derecho de Finnis al igual que las dos anteriores, también plantea la conexidad o relación del derecho con la moral, pero de una manera diferente. Para él, el derecho se relaciona no con una determinada moral social (Devlin) o con principios formales de moralidad interna (Fuller), sino con los bienes humanos y el razonamiento práctico.

Los bienes humanos permiten el florecimiento humano, sin los cuales es imposible el desarrollo pleno de su potencial. Finnis enumera siete de esos valores básicos de la existencia humana: el conocimiento, la vida, el juego, la experiencia estética, la amistad, la razonabilidad práctica y la religión. Estos bienes no se deducen de las inclinaciones biológicas, pues éstas, incluso, pueden envolver tendencias negativas que hacen imposible el florecimiento humano, de igual forma, no es posible establecer

78

una jerarquía entre ellos, debido a que todos los bienes son igualmente importantes e igualmente básicos.

La razonabilidad práctica, no sólo es un bien es, además, un procedimiento: hace alusión al proceso de razonamiento que, cuando es llevado hasta sus últimas consecuencias, permite distinguir entre lo que son las acciones correctas (considerando todas las cosas y no en relación con un propósito específico) de lo que es incorrecto. La razonabilidad práctica es fin y es medio para alcanzar fines.

4.3.4. Derecho como integridad

La teoría del derecho de Dworkin defiende, igualmente, la tesis de la vinculación del derecho y la moral, la que se corrobora en la existencia de principios de justicia política positivizados en los derechos individuales y en los ideales de la democracia (valor de la integridad), los cuales supone son anteriores al Estado y, por ello, oponibles a las normas jurídicas positivas. En este caso, no se trata de reivindicar un derecho supra-ordenado frente al derecho positivo, sino de revelar los valores que mejor expresan la práctica jurídica y mostrar un tipo de normas (principios), cualitativamente diferente de otro tipo de normas (reglas), que integran los sistemas jurídicos modernos y que conectan de una manera diferente (a como lo propusieron las teorías del derecho natural medieval y modernos) al derecho y a la moral.

Dworkin diferencia los principios de las reglas por:

a. La forma lógica en que se aplican a los casos, dado que las reglas se aplicables de manera disyuntiva (todo o nada), de manera que, si se dan determinados hechos que caen dentro de la órbita de determinada regla estipulada como válida, entonces, se actualiza la respuesta que establece la regla. Los principios, al no establecer consecuencias jurídicas que sobrevengan cuando no se cumplen las exigencias previstas por ellos, se aplican por ponderación.

b. La dimensión de peso o importancia que está ausente en las reglas. Cuando dos reglas interfieren o chocan, una de las dos es válida; por el contrario, cuando los principios colisionan es al juez al que corresponde valorar el peso relativo que cada uno de ellos tiene en el caso.

Dworkin, en primer lugar, objeta al positivismo (Hart) que la regla de reconocimiento no puede dar cuenta de los principios morales en la práctica judicial (a pesar de que es evidente que los jueces y abogados hacen uso de éstos), pues, la existencia y la validez de ellos no dependen, como si sucede con las reglas (positivas), de la superación de la prueba establecida por la regla de reconocimiento, debido a que éstos no se originan en la voluntad política o el acto deliberado de alguna autoridad política, sino en el sentido de conveniencia y oportunidad desarrolladas en la sociedad y en el foro público durante largos períodos de tiempo, por ello, la vigencia, validez y eficacia de los principios dependen del sentido de adecuación y la respuesta que estos puedan dar en relación con los problemas de cada período histórico.

En segundo lugar, objeta al positivismo la tesis de la discrecionalidad judicial en los casos difíciles. Para él, los jueces ni tienen discrecionalidad ni crean derecho, precisamente porque lo que hacen en esos casos es hacer uso de los principios o de directrices políticas o de otros tipos de pautas. Considera, que no puede pensarse, que el juez crea derecho cuando toma una decisión apoyado en principios morales, porque el uso de este tipo de estándares está limitado por las tradiciones jurídicas que reflejan la moralidad implícita de una masa de decisiones particulares que otros jueces han tomado; por consiguiente, los jueces no crean sino aplican derechos políticos preexistentes que han sido incorporados en los principios, de manera que lejos de contradecir las decisiones políticas del pasado, los jueces deben reflejarla aquellas en las suyas.

En contraposición a la tesis de la discrecionalidad Dworkin propone la tesis de la única respuesta correcta que presupone:

a. Que existen principios morales (derechos individuales) anteriores y oponibles al derecho y a las decisiones de Estado, cuya validez no dependen del reconocimiento que le otorgue autoridad alguna. De manera que, si existe conflicto entre los principios morales y el derecho positivo, el juez haciendo uso tanto del razonamiento estrictamente jurídico como del razonamiento moral decide qué derecho debe primar sobre el otro.

b. La existencia de un sistema jurídico avanzado que contenga un complejo de normas y precedentes que permitan al juez resolver el caso teniendo en cuenta la historia política y constitucional.

c. Que es posible asignar valor de verdad a una proposición interpretativa-normativa, dependiendo de si ésta puede evaluarse como más o menos congruente con la teoría del derecho que mejor justifique el derecho establecido. La proposición normativa más coherente, debe considerarse verdadera, de lo contrario debe considerarse falsa.

En tercer lugar, Dworkin ha sostenido que el positivismo (Hart), se encuentra afectado por un "aguijón semántico", que consiste en creer que los juristas y jueces sólo pueden discutir razonablemente si comparten los mismos criterios sobre lo que es derecho y, por ello, no puede dar cuenta de los desacuerdos entre los juristas en los casos difíciles, los cuales serían meramente verbales. Sugiere, que el concepto de derecho debe ser determinado en cada caso por los jueces y, para ello, deben interpretar la práctica de otros jueces, tratar de mostrar el objeto (derecho) que se interpreta bajo su mejor ángulo, buscando hacer de éste la mejor versión de lo que puede ser. El derecho tiene una naturaleza interpretativa o es un concepto interpretativo que da cuenta del estado actual de los principios, en un período específico de la historia de la práctica, por esta razón, cuando los jueces tienen desacuerdos teóricos, lo que existe son desacuerdos interpretativos o desacuerdos sobre las convicciones interpretativas de los jueces, los cuales son inevitables, si se tiene en cuenta que cada juez desarrolla sus tareas desde la teoría interpretativa o la concepción del derecho que mejor justifique sus convicciones sobre el 'sentido' de la práctica legal, vista ésta como un todo. En concordancia con lo anterior, afirma, que las concepciones del derecho constituyen interpretaciones generales y abstractas de la práctica del derecho en su totalidad, que muestran los objetivos principales y la estructura de la práctica del derecho bajo su mejor aspecto, además de ofrecer argumentos que proporcionan razones para una adecuada justificación del uso de la coerción del Estado contra los ciudadanos.

La concepción del derecho como integridad se opone tanto al convencionalismo como al pragmatismo. El primero, considera al derecho como "informes objetivos regresivos" y el segundo, como "programas instrumentales progresivos". Dworkin sostiene que la práctica legal consiste en juicios interpretativos que combina elementos progresivos y regresivos. El convencionalismo exige que los jueces estudien los informes oficiales que contienen las decisiones que, en el pasado, han tomado las instituciones reconocidas convencionalmente y con poder legislativo, mientras que al pragmatismo le interesa que los jueces piensen de manera instrumental respecto de las mejores reglas para el futuro, sin embargo, ninguno de los dos interpreta la práctica como un todo, ni piden a los jueces, como sí lo hace el derecho como integridad, que en los casos difíciles realice un estudio interpretativo de la doctrina legal.

La integridad, según Dworkin, es una virtud política (conjuntamente con la justicia, la equidad y el debido proceso) que exige que todos los miembros de una comunidad sean tratados de conformidad con las decisiones que se tomaron anteriormente y de acuerdo con la teoría que mejor justifique aquellas decisiones entendidas como un todo articulado, de manera que cualquier cambio en su aplicación deba ser justificado. La teoría del derecho como integridad exige que se identifiquen los derechos y los deberes conforme a las decisiones políticas explícitas del pasado, hasta donde sea posible, pero, exige que estas se miren como proyección de los principios de justicia, equidad y debido proceso, que proporcionan la mejor interpretación constructiva de la práctica judicial de la comunidad.

Al derecho como integridad le interesa la historia de una manera particular, pues no exige en la decisión judicial coherencia de principio a fin y en todas las etapas históricas, no pide, por ejemplo, que los jueces entiendan la ley actual en concordancia con una ley abandonada en un tiempo remoto. La coherencia que reclama el derecho no es vertical sino horizontal, pues no busca reelaborar los propósitos y objetivos de sus creadores, sino justificar lo que hicieron, según una historia de las prácticas que pueda ser organizada y fundamentada en principios, lo suficientemente interesante como para proporcionar un futuro honorable.

El juez Hércules, es la metáfora que usa Dworkin para ilustrar la forma como un juez, que asuma su teoría del derecho como integridad, debe llegar a sus conclusiones y decisiones en los casos difíciles. La particularidad de Hércules es la de ser un juez dotado de una capacidad extraordinaria, que tiene a su disposición todos los medios para hallar, en cada caso, los principios que doten a la decisión judicial de la mejor justificación moral posible. Hércules no usa su discrecionalidad. Al igual que un autor que participa en una novela en cadena que debe descubrir algún punto de vista coherente sobre los personajes y el tema, Hércules debe dar con la teoría más coherente sobre los derechos legales que se discuten en un caso. Estudia la totalidad de los objetivos en los que se asienta su sociedad y, a partir de ellos, reelabora los principios inherentes en los que aquella se apoya, para conocer cuáles son los derechos de los ciudadanos de su comunidad.

4.3.5. Teoría del discurso racional

La teoría del derecho de Alexy, al igual que la de Dworkin, es no positivista. Su tesis central es que el "derecho tiene una doble naturaleza" que se expresa en: una dimensión real o autoritativa y una dimensión ideal o crítica. La dimensión autoritativa o institucional se refiere a la legalidad y la eficacia del derecho, mientras que la dimensión ideal a la corrección moral. Para los positivistas, los elementos definitorios del derecho se relacionan con su dimensión fáctica, para los iusnaturalistas con su dimensión ideal, por el contrario, para él, el derecho involucra tanto elementos fácticos como ideales, por ello, un adecuado concepto de Derecho exige combinar los tres elementos.

Los positivistas, según Alexy, definen el derecho a partir de dos elementos: la legalidad conforme al ordenamiento jurídico y/o la eficacia social, que han sido combinados e interpretados de manera diferente. En el caso de las teorías sociológicas y realistas del derecho el elemento definitorio lo constituye la eficacia social, mientras que para las teorías analíticas (Austin, Kelsen y Hart) lo es la legalidad, sin embargo, es común a todas ellas la tesis de la separación que presupone que no existe conexidad conceptual necesaria entre el derecho y la moral o entre el derecho que es y el derecho que debe ser. Para Alexy, sin embargo, si bien es factible realizar una descripción del derecho que tenga en cuenta sólo su dimensión institucional o autoritativa (desde la perspectiva del observador), tal descripción sólo da una imagen restrictiva del derecho porque sólo da cuenta de uno de los aspectos o dimensiones del derecho, de lo que se sigue, que el positivismo no da cuenta de la naturaleza del derecho.

Alexy es defensor de la tesis de la vinculación, pero no es partidario de una interpretación radical de dicha tesis, de manera que sustituya enteramente la eficacia social y la legalidad por la corrección moral, como lo hace el iusnaturalismo, porque en la práctica ello conduciría a la anarquía, pero sí de vincular los tres elementos definitorios; sin embargo, la inclusión de la moral en el derecho resuelve algunos problemas como el de la fundamentación y justificación del derecho a partir de las exigencias de la razón práctica, la realización de la pretensión de corrección en la creación y aplicación del derecho y la cuestión de los límites del derecho, pero también da origen a serios problemas como la falta de límites y de consensos (certeza) en el razonamiento moral, de allí la exigencia de decisiones autoritativas, como las que se producen en el derecho, que pongan fin a las discusiones, el conocimiento y la justificación moral. Para justificar su tesis Alexy apela al argumento de la corrección, de la injusticia y de los principios.

a. El *argumento de la corrección*: afirma que el sistema jurídico (las normas individuales e incluso las decisiones jurídicas) incorpora, necesariamente, una pretensión de rectitud o corrección. Según Alexy, esta pretensión cumple un papel similar a la "pretensión de verdad" en el ámbito del discurso teórico, debido a que ambas incorporan una "pretensión de objetividad", pues, su aceptación presupone que el derecho es "una empresa intrínsecamente conectada con la idea de objetividad". No obstante, reconoce que esta pretensión de objetividad, en el argumento de la corrección, no tiene alcance universal, sino contextual, dado que depende de la aceptación de aquellos que adoptan el punto de vista del sistema (participante), esto es, aquellos que crean, interpretan, aplican o hacen cumplir el derecho como son el legislador y el juez. Ahora bien, que los participantes (legisladores, jueces, abogados o ciudadanos) propongan una pretensión de corrección, significa que sus actos institucionales (ejemplo: decisiones legislativas y judiciales) son formal y materialmente correctos (afirmación de corrección), que son justificables (aseveración de la justificabilidad) y que cualquiera que asuma un punto de vista razonable, dentro del sistema jurídico, aceptará el acto jurídico como correcto.

Alexy hace uso de dos ejemplos para mostrar la necesidad de la pretensión de corrección. El primero hace referencia a la existencia de un artículo constitucional defectuoso que prescribe que: "X es una república, soberana, federal e injusta". Este artículo revela una "contradicción performativa" debido a que se supone que el acto de establecer una Constitución conlleva, implícitamente, una pretensión de justicia (corrección). El segundo hace alusión a una sentencia absurda que reza de la siguiente manera: "Se condena al acusado a cadena perpetua, en virtud de una falsa interpretación del derecho vigente". Esta resolución judicial, al igual que el anterior artículo, se muestra defectuosa debido a que el acto de emitir una resolución judicial lleva implícito la idea de que el derecho se aplica correctamente, aun cuando dicha pretensión no se cumpla a cabalidad. Al autocalificarse de manera explícita la resolución judicial de errónea está contradiciendo la pretensión de corrección implícita en ella.

Un elemento a tener en cuenta es que si bien el contenido de la pretensión de corrección depende del contexto institucional particular, existen dos rasgos que le son comunes en todos los contextos: el primero es que incluye siempre una "pretensión de justificabilidad" y el segundo es que siempre hace referencia a la corrección moral, de manera que cuando se dicta una sentencia no sólo se afirma que el fallo fue elaborado siguiendo el derecho vigente y eficaz, como lo exige el positivismo, sino también que tanto el derecho como su interpretación son moralmente aceptables, como lo presupone el iusnaturalismo.

Ahora bien, el carácter de la pretensión de corrección varía dependiendo de si se usa para evaluar el sistema jurídico o si se usa para evaluar a normas individuales y decisiones judiciales, pues, si se usa en el primer sentido, el argumento de la corrección tiene carácter definitorio o clasificatorio, de manera que si ésta es desconocida, implícita o explícitamente, no puede considerarse a éste como tal; no así en el caso de las normas jurídicas individuales y las decisiones judiciales, en relación con las cuales, la pretensión de corrección tiene un carácter calificativo o cualificante y, por ello, los trata simplemente como normas o decisiones defectuosas.

En concordancia con la tesis de la "doble naturaleza del derecho", el argumento de la corrección afirma que el derecho se conecta con dos tipos de valores o principios, sin los cuales el derecho no sería derecho. Unos aluden a su dimensión autoritativa y otros a su dimensión ideal. El valor o principio más abstracto, en relación con la dimensión autoritativa, lo constituye la seguridad jurídica, mientras que, en relación a la dimensión ideal, lo es la justicia, por ello, no puede decirse que "es" el derecho, en tanto institución o realidad social (dimensión autoritativa), sin decir lo que "debe ser" conforme a la moral (dimensión ideal), de la misma manera, que no puede explicarse la naturaleza del derecho sin tener en cuenta la perspectiva normativa.

b. El *argumento de la injusticia*: puede estar referido a normas individuales o a sistemas jurídicos y puede analizarse desde la perspectiva del observador o desde la perspectiva del participante.

Desde la *perspectiva del observador*, el argumento de la injusticia (referido a normas individuales) no es admitido, debido a que éste considerará como derecho sólo aquello que las autoridades y jueces declaran apoyado en los textos promulgados y en concordancia con determinados criterios de validez, establecidos en el respectivo orden jurídico eficaz. Para un observador, la ordenanza que bajo el régimen nacionalsocialista privó de la ciudadanía alemana (por razones raciales) a judíos emigrados constituye derecho, luego sería contradictorio y conceptualmente imposible sostener que no ha sido privado de la de su nacionalidad de acuerdo con el derecho alemán, a pesar de que los jueces y las autoridades dicen lo contrario apoyados en una norma promulgada de acuerdo con los criterios de validez del orden jurídico eficaz.

TEORÍAS JURÍDICAS. ENFOQUES Y PARADIGMAS

Desde la *perspectiva del observador*, el argumento de la injusticia (referido a los sistemas jurídicos) distingue entre conexiones formales (teoría de Fuller) y conexiones materiales (teoría de Otfried Höffe) y, en relación a estas últimas, entre conexiones fácticas y conexiones conceptuales. La primera se produce (conexiones fácticas) cuando un sistema jurídico, por ejemplo, no contiene normas generales o sólo normas secretas o no contiene normas que protejan la libertad ni la propiedad; en este caso se está ante un sistema que tiene muy pocas probabilidades de tener validez continua. No obstante, existen dos órdenes sociales, independientemente que puedan lograr una vigencia continua no pueden considerarse sistemas jurídicos por razones conceptuales: los órdenes sociales sin sentido o absurdos y los órdenes sociales predatorios o de bandidos. Los primeros se producen, cuando un grupo social gobernado por forajidos, se regula por normas que no revelan consistentemente la intención de quienes establecen las reglas y, por tanto, las órdenes son contradictorias, cambiantes e imposibles de satisfacer. Los segundos se producen, cuando los bandidos se organizan y al menos se establece la prohibición de la violencia y la jerarquización entre ellos, pero se continúa la explotación de los mismos (ejemplo: se prohíbe el alcohol y el tabaco porque se requieren de personas sanas para vender sus órganos). Se puede discutir si este sistema normativo es un sistema jurídico; pero en todo caso, el sistema tomado en su conjunto no lo es por razones conceptuales.

TEORÍAS JURÍDICAS. ENFOQUES Y PARADIGMAS

Desde la *perspectiva del participante*, el argumento de la injusticia (referido a las normas individuales) es correcto y sostiene que cuando las normas aisladas de un sistema jurídico rebasan "un determinado umbral de injusticia", pierden el carácter jurídico. En este caso, no basta con que la norma sea injusta, se requiere que sobrepase cierto límite que vuelva intolerable la injusticia producto de la ley positiva para que el "derecho injusto" ceda ante la justicia. El argumento de la injusticia extrema es muy particular, porque a diferencia del iusnaturalismo, no afirma que el simple derecho injusto no es derecho, sino que el derecho "extremadamente injusto" no es derecho, de suerte que cuando existe conflicto entre seguridad jurídica y la justicia debe darse la razón al derecho positivo, excepto cuando la contradicción de éste con la justicia se vuelva intolerable.

Desde la *perspectiva del participante*, el argumento de la injusticia extrema (referido al sistema jurídico), puede ser considerado a partir de dos tesis: la tesis de la irradiación y la tesis del derrumbe. La tesis de la irradiación afirma que la falta de juridicidad de las normas sustantivas básicas de un sistema jurídico ejerce un efecto irradiador sobre el resto de las normas "típicas" del sistema conllevando a una falta de juridicidad de todas ellas. Alexy considera inaceptable este argumento, por considerar que le niega carácter jurídico a normas individuales que se encuentran por debajo del umbral de la injustica extrema, afectando de manera grave el principio de la seguridad jurídica. La tesis del derrumbe sostiene que un sistema jurídico pierde el calificativo de tal cuando considerado de manera general es extremadamente injusto. En relación a esta tesis, Alexy sostiene que es posible que como consecuencia de la pérdida del carácter jurídico de muchas normas aisladas importantes, el sistema jurídico pierda su identidad sustancial y sólo en ese sentido se puede hablar de un derrumbe del sistema jurídico antiguo, sin embargo, no es posible hablar de inexistencia de un sistema como sistema jurídico, pues a menos que se le pueda negar el carácter jurídico a todas las normas del sistema, a pesar de que se pueda, por razones morales, negarle el carácter jurídico a muchas normas aisladas importantes para el sistema, éste va a seguir existiendo como sistema jurídico .

c. El *argumento de los principios*: sostiene que el juez está jurídicamente ligado no sólo al derecho positivo (que presenta una textura abierta y se encuentra indeterminado) sino también a los principios morales y, por ello, debe reconocerse una vinculación necesaria entre el derecho y la moral. Afirma que todos los sistemas jurídicos contienen principios, que la presencia de principios presupone una conexión necesaria entre el derecho y alguna forma de moralidad y que, en conjunto con el argumento de la corrección, se puede inferir que existe una conexión conceptual necesaria entre el derecho y la corrección moral.

94

5. PARADIGMA NEOPOSITIVISTA

Las objeciones de los pospositivistas afectan, en líneas generales, a la versión fuerte de la tesis de las fuentes sociales (regla de reconocimiento) del positivismo. Las respuestas actuales del positivismo (neopositivismo) deben verse como réplicas a estas importantes críticas, las cuales se orientaron, por una parte, a desarrollar las tesis centrales que identifican al positivismo y, por otra, a justificar la presencia de principios y valores en los actuales sistemas jurídicos.

5.1. Tesis "débil" o "moderada" de la separación

El positivismo jurídico está asociado usualmente a la tesis de la separación o de la no conexidad entre el derecho cómo "es" y cómo "debe ser" (moral). Esta es una tesis analítica y no puede confundirse con la tesis empírica, según la cual el derecho y la moral son fenómenos fácticos distintos, esto porque, para la generalidad de los positivistas el derecho y la moral interactúan en la sociedad y, en ocasiones, se pueden constatar que hay una superposición contingente de su contenido y sus funciones sociales. En ese sentido, el positivismo no desconoce que, a pesar de que el derecho y la moral constituyen fenómenos que pueden ser descritos y analizados separadamente, desde un punto de vista empírico puede existir una relación compleja entre ellos, de ahí que, ningún positivista niegue que interactúen en la sociedad y, a veces, se produzca una transposición contingente en el contenido y las funciones sociales que cada uno de ellos desempeña en la sociedad. Hart señala que si bien existen múltiples e importantes conexiones o coincidencias de hecho entre el derecho (sistema jurídico) y las exigencias de moralidad, tales conexiones no son necesaria lógica ni conceptualmente sino contingentes.

96

TEORÍAS JURÍDICAS. ENFOQUES Y PARADIGMAS

En respuesta a Dworkin, Hart sostiene que la tesis de la separación es compatible con un sistema jurídico que incluya y dote de status jurídicos a ciertas pautas morales, tanto generales como específicas. Afirma, que es común encontrarse en los diversos sistemas jurídicos actuales con un catálogo de derechos y libertades individuales, que son reconocidos por los tribunales como criterios de validez jurídica, pudiendo, además, invalidar los actos de los legisladores que no estén conforme a tales principios. Esta incorporación de pautas morales al test de validez jurídica, puede hacerse mediante una ley o una enmienda (EE. UU), por la práctica sistemática de los tribunales o, incluso, porque una ley particular exija a los tribunales que ciertas controversias deben decidirse según un principio de justicia; pero en todos estos casos, la relevancia jurídica de los principios morales es algo contingente y depende de que de hecho hayan sido incorporadas en un sistema jurídico por cualquiera de los medios establecidos y no de que sean moralmente correctos o aceptables.

5.2. Enfoques

Luego de que Hart hiciera la defensa de las tesis centrales de su teoría frente a los ataques del pospositivismo, el desarrollo actual del positivismo jurídico ha continuado dando respuesta a las objeciones no positivistas. Algunos han acogido y desarrollado las tesis de Hart como el positivismo incluyente, mientras que otros se han mantenido firme frente las críticas del no positivismo, como el llamado positivismo excluyente, el neorrealismo, naturalismo o pragmatismo.

5.2.1. Positivismo jurídico incluyente

Las tensiones internas del derecho moderno ponen en entredicho las tesis centrales del positivismo teórico, sociológico y metodológico, sin embargo, no sucede lo mismo con el positivismo incluyente, que admite que la regla de reconocimiento de un sistema jurídico puede incluir estándares morales (aunque no necesite hacerlo) sin incurrir en inconsistencia o contradicción.

En relación a la tesis de las fuentes sociales, el positivismo jurídico incluyente sostiene, al igual que todas las formas de iuspositivismo, que la identificación o definición de lo que "es" derecho depende o es una cuestión de hechos sociales, sin embargo, distingue entre existencia y contenido de la práctica social (regla de reconocimiento). El fundamento (origen) del derecho es "necesariamente" fáctico (práctica social), es siempre un hecho social, pero los particulares criterios de validez contenidos en dicha práctica no tienen por qué ser un hecho social, por tanto, son "contingentemente" fácticos (Jiménez, 2008, pág. 190-2). Como se observa, a pesar de que el positivismo incluyente reconoce la existencia de estándares morales en el derecho, no renuncia a la tesis de la separación ni a la tesis de las fuentes sociales, puesto que, como ya dijo, la identificación del derecho es una cuestión de hechos sociales complejos, facticos, empíricos, que pueden remitir a criterios autoritativos, fijados en un sistema de fuentes, como a determinados estándares morales.

En relación a la tesis de la separación, el positivismo jurídico incluyente distingue entre una versión fuerte que afirma que es conceptualmente necesario separar el derecho de la moral, a la que denomina "tesis de la separación", y una versión débil que sostiene que es conceptualmente posible, aunque no necesario, que el derecho y la moral estén conectados, a la que denomina "tesis de la separabilidad" (Jiménez, 2008, pág. 215). Esta última es la versión que suscribe el positivismo incluyente, dado que considera que las concepciones de moralidad y justicia política que se utiliza comúnmente para criticar, justificar y evaluar las instituciones sociales y sus productos, juegan un papel fundamental en la determinación de la existencia y contenido del derecho válido. Para ello aporta dos razones: la primera es de carácter empírico y sostiene que la necesaria separación conceptual entre el derecho y la moral no se corresponde con una adecuada descripción de los

99

actuales sistemas jurídicos, por ende, negar que en ocasiones la validez jurídica se funda en principios morales es negar la realidad empírica de los sistemas jurídicos. La segunda es de carácter ideológico, afirma que en aquellos sistemas en los que los principios morales constituyen criterios de juridicidad, pueden apelar a estándares jurídicos para apoyar sus demandas morales (Jiménez, 2008, pág. 217).

Según Waluchow, al admitir que la moral pueda determinar lo que es derecho, el positivismo jurídico incluyente corre el riego de confundirse con el no positivismo (2007, pág. 17), no obstante, este no afirma, como si lo hacen los no positivistas, que ciertas normas formen parte del derecho en virtud de su valor moral, tampoco afirma, lo diferencia del positivismo excluyente, que la identificación de una norma como derecho depende sólo de la existencia de convenciones. Sus defensores lo que afirman es que la identificación del derecho puede depender tanto de la corrección moral como de la existencia de convenciones.

Respecto de la tesis de la discrecionalidad el positivismo incluyente afirma que en ocasiones es posible la existencia de una respuesta respecto de algunas cuestiones morales, pero en otros casos, es inevitable el ejercicio de una discrecionalidad fuerte que implica la posibilidad del juez de elegir entre diferentes cursos de decisión igualmente válidos (Jiménez, 2007, pág. 216-7).

5.2.2. Positivismo excluyente

El más importante representante del positivismo excluyente es Joseph Raz, quien desarrolla su teoría sobre la naturaleza del derecho apoyado en la tesis radical de las fuentes sociales y una teoría de la autoridad como servicio (Raz, 2001, pág. 229).

La teoría de la autoridad se resume en tres tesis: la tesis de la dependencia, la tesis de la justificación normal y la tesis del remplazo.

a. La *tesis de la dependencia*: afirma que toda orden dotada de autoridad debe fundamentarse, entre otros factores, en razones dependientes. Estas razones se caracterizan porque sirven de "razones para la acción" de las autoridades y fundamento de justificación de decisiones, por ello, es necesario que sean aplicables a los destinatarios y a las circunstancias que la orden prevé. En el caso de una sentencia del tribunal o un laudo arbitral, por ejemplo, las razones dependientes las conformarían todas aquellas razones (aplicables al caso y a los destinatarios) que fueron tenidas en cuenta por las autoridades judiciales para justificar el laudo o sentencia y que ya no pueden volver a ser tenidas en cuenta luego de emitida estas órdenes (Raz, 2001, pág. 229).

b. La *tesis de la justificación normal*: afirma que alguien tiene autoridad sobre otra persona, si esta última acepta las razones y las órdenes de la supuesta autoridad como obligatorias y autoritativas y trata de cumplirlas, que si las deja a un lado e intenta seguir otras razones. En el ejemplo del laudo o la sentencia, se supone que las partes se comprometen a obedecer la decisión, en vez de guiar sus acciones apoyadas en el juicio propio o las razones dependientes que ya fueron debatidas, reflexionadas y tenidas en cuenta por las autoridades judiciales (Raz, 2001, pág. 230).

c. La *tesis del remplazo*: sostiene que el hecho de que una autoridad exija el cumplimiento de una instrucción, es una razón suficiente para que excluya o remplace las demás razones relevantes al momento del destinatario valorar "qué hacer" y cumplir con dicha orden (Raz, 2001, pág. 231). En el ejemplo del laudo o la sentencia, se supone, que las decisiones tomadas por las autoridades judiciales remplazan las razones de las cuales depende o que le han servido de fundamento, pero se convierte, a su vez, en una razón dependiente para las partes, esto es, una razón excluyente del juicio propio de los litigantes.

Las primeras dos tesis suponen que las autoridades (al juzgar y pronunciarse sobre lo que debe hacerse) median entre las personas y las razones correctas que les aplican y, además, que las personas aceptan las decisiones de las autoridades, las cuales constituyen razones que justifican sus acciones y que remplazan la supuesta fuerza obligatoria que las razones dependientes puedan tener para ellos. Este papel mediador sólo puede cumplirse si los gobernados no tienen en cuenta las razones dependientes y guían sus acciones por las órdenes de la autoridad, las cuales constituyen razones excluyentes para la acción (Raz, 2001, pág. 232).

La autoridad no niega la capacidad de las personas para la toma de decisiones y la acción racional, más bien, debe considerarse un mecanismo que permite a las personas alcanzar los propósitos determinados por su capacidad de acción racional, de manera indirecta. Según Raz, al seguir la autoridad, lo que se hace es usar el propio juicio para reconocer la autoridad del otro, de la misma manera que se lo usa para seguir un consejo o mantener las promesas. No obstante, reconoce que la autoridad es diferente, debido a que limita la capacidad de actuar de manera independiente, puesto que, las instrucciones autoritativas remplazan a las razones (subyacentes) contrarias que ya fueron consideradas y evaluadas por las autoridades cuando emitieron sus directivas. La fuerza de remplazo de la autoridad hace parte de su naturaleza y de su éxito como autoridad, lo que depende de si puede o no lograr la conformidad con las razones de fondo o subyacentes, haciendo que los destinatarios orienten sus acciones racionales siguiendo a las directivas autoritativas y no a las razones de fondo (Raz, 2013, págs. 151-2).

Raz sostiene que todo sistema jurídico en vigor ejercita o tiene necesariamente una autoridad de facto, lo que presupone que el derecho involucra o tiene la pretensión de ser autoridad legítima o de ser considerado una autoridad legítima, o ambas cosas (Raz, 2001, pág. 232). Ahora bien, el derecho tiene autoridad legítima si sus normas constituyen razones válidas o justificables (razones protegidas) para actuar como ellas señalan, así mismo, excluir las razones y consideraciones en contra. Con base en lo anterior, entonces, la pretensión de autoridad del derecho no supone simplemente que las normas jurídicas sean razones, sino que éstas constituyen razones excluyentes para dejar de observar otro tipo de razones para actuar de manera diferente (Raz, 2011, págs. 47-8).

El derecho es una estructura de autoridad y es producto de esa estructura de autoridad, que él mismo constituye. Esta naturaleza autoritativa es suficiente para poner fin a la discusión respecto de lo que debe hacerse y, por tanto, constituirse en una razón para que sus destinatarios accedan conscientemente a coordinar sus acciones de conformidad con sus estándares. Lo anterior no significa que la discusión no pueda continuar, de hecho, continua, pero, ya no será acerca de si deben o no adoptarse determinados estándares jurídicos establecidos por la comunidad política a través de sus instituciones, sino respecto de cómo cambiar el derecho. (Raz, 2013, págs. 118-121)

TEORÍAS JURÍDICAS. ENFOQUES Y PARADIGMAS

El positivismo jurídico excluyente sostiene que es conceptualmente incoherente incluir, o hacer referencia a la moral en la regla de reconocimiento de un sistema jurídico, por tanto, hay que excluir cualquier consideración valorativa en la identificación del derecho, pues la existencia y el contenido de éste no pueden depender de algún criterio de moralidad sino de los hechos sociales exclusivamente. Como ya se señaló, párrafos atrás, hoy se admite que en ocasiones el contenido del derecho existente no basta para decidir lo que debe hacerse en relación con un caso dudoso; sin embargo, los defensores del positivismo sostienen que ello no basta para desechar la tesis de los hechos o las fuentes. Para el positivismo excluyente aquello que es el derecho puede identificarse con independencia de lo que debería ser, de allí que las razones basadas en juicios de valor moral no tienen relevancia alguna a la hora de determinar cuál es el contenido del derecho en una comunidad. En consecuencia, la existencia y el contenido del derecho dependen de un conjunto de acciones de los miembros de la sociedad, que pueden ser descritos sin recurrir a la moralidad ni a juicio evaluativo alguno. Esta versión de la tesis de las fuentes sociales defendida por el positivismo excluyente, puede considerarse una interpretación radical de la tesis de Hart.

La tesis de la naturaleza autoritativa del derecho sostiene que el derecho se fundamenta sólo en razones positivistas autoritativas, lo que supondría, en concordancia con la tesis de las fuentes sociales, que el contenido y existencia depende únicamente de hechos sociales y no de su moralidad, esto es, de si se puede o no atribuir a una persona o institución la opinión expresada en el enunciado jurídico.

La cuestión del derecho y la moral, también es abordada por Raz desde la idea de razonamiento jurídico. El razonamiento jurídico es un "razonamiento acerca del derecho" o de cuál es el derecho o cómo deben resolver los tribunales las cuestiones jurídicas según el derecho. Existe, sin embargo, la idea de que el razonamiento jurídico es un razonamiento moral sobre el derecho. Raz reconoce que la cuestión respecto de cómo deben decidir los tribunales en cada caso tiene implicaciones morales (las sentencias afectan a las partes), pero no debe confundirse la cuestión de qué debería hacer un tribunal en relación a la causa que somete a examen, con la cuestión de cómo deben resolver los casos de acuerdo con el derecho, pues en ocasiones el tribunal debería fallar en contra de lo que dicta el derecho. Según Raz, cuando se razona jurídicamente se lo hace dentro de un sistema de pensamiento, mientras que cuando se razona moralmente sucede dentro de un sistema de pensamiento diferente, el escoger uno u otro sistema depende de ciertas consideraciones que determinan, al menos en precisas ocasiones, cuando es correcto razonar desde un punto de vista u otro. Si se niega la existencia de tales consideraciones equivale a decir que todos los valores y razones, independientemente del ámbito al que pertenezcan, puede ser asumido desde cualquier punto de vista arbitrario, lo que violaría las respectivas autonomías (epistémicas y ontológicas) de cada sistema de pensamiento. Existen razones y valores que gobiernan incondicionalmente el pensamiento, consideraciones que no hacen parte un punto de vista y que más bien determinan cuándo es apropiado o no asumir un punto de vista: la moral es una de esas consideraciones básicas. La creencia de que la moral constituye un punto de vista y que el uso de sus razones y valores depende de consideraciones no morales, contradice la idea que se tiene respecto de la función y la importancia de la moral (Raz, 2001, págs. 348-352).

5.2.3. El naturalismo

El más importante representante del naturalismo o la teoría del derecho naturalizada es Brian Leiter, quien construye su teoría sobre los pilares del realismo jurídico norteamericano, al que considera no sólo fusionado con el naturalismo filosófico (naturalismo de remplazo), desde la perspectiva de Quine y el pragmatismo, sino también compatible con una forma de positivismo jurídico.

TEORÍAS JURÍDICAS. ENFOQUES Y PARADIGMAS

Leiter sostiene que el realismo jurídico, a pesar de ser una de las corrientes intelectuales más importante del siglo XX, ha sido menospreciado por filósofos y teóricos del derecho, debido a la apreciación errada que sus críticos tuvieron de sus propósitos, que no eran filosóficos, y a la malinterpretación que, de manera sistemática, hicieron los teóricos del derecho comprometidos con la idea de la filosofía como análisis conceptual del lenguaje ordinario, la cual había sido estimulada y defendida por Hart (Leiter, 2012, págs. 35-6); pero los realistas no eran filósofos del derecho y no estaban interesados en analizar el concepto del derecho (Leiter, 2012, pág. 52).

En el ámbito norteamericano, algunas reconstrucciones inadecuadas del realismo han estado en cabeza de importantes filósofos el derecho (Fred Schauer, John Hart Ely o Dworkin), quienes ven en el realismo jurídico (Leiter denomina concepción "estándar") una teoría descriptiva de la naturaleza de la decisión judicial, según la cual, los jueces ejercen una "discrecionalidad irrestricta" y toman decisiones fundamentadas en sus gustos y valores personales que luego son racionalizadas ex post facto apoyándose en reglas y razones jurídicas (Leiter, 2012, pág. 50). La concepción estándar tiene algo de verdad en relación con la tesis nuclear del realismo jurídico, pero puede ser engañoso, según Leiter, afirmar que los jueces ejercen una discrecionalidad irrestricta (tesis de la voluntad judicial) o que sus elecciones se apoyen en gustos y valores personales (tesis de la peculiaridad judicial).

Comúnmente se ha pensado que la tesis central del realismo se identifica con las tesis extremistas de Jerome Frank, lo cual es inadecuado debido a que, según Leiter, no existe una doctrina homogénea del realismo, sino una serie de enfoques específicos que responden a las tesis particulares de autores individuales (Leiter, 2012, pág. 102). No obstante, la mayoría de autores, usualmente identificados como iusrealistas, comparten el interés en entender el proceso de la toma de decisiones judiciales, al igual que ciertas ideas sobre cómo funciona en la práctica la adjudicación del derecho (Leiter, 2012, pág. 101) que se expresan en la tesis descriptiva de la adjudicación (tesis nuclear), según la cual: "al decidir los casos, los jueces responden, principalmente, al estímulo de los hechos" (Leiter, 2012, pág. 51).

También los Critical Legal Estudies (CLS) hacen una lectura equivocada del realismo jurídico, al ubicarlos como predecesores del posmodernismo o el deconstruccionismo. Esta lectura es errada no sólo porque saca al realismo del ámbito de preguntas y problemas de la teoría del derecho, sino porque niega lo que la historia confirma: que el realismo jurídico norteamericano surge en el marco de una cultura (que es precisamente rechazada por los posmodernistas) que se caracterizó porque consideraba a la ciencia natural como paradigma del conocimiento genuino al que debían aspirar, incluso, las ciencias sociales; sumado a anterior, los CLS se equivocan al escoger figuras marginales del movimiento y ponerlos en el centro de la representación realista y al utilizarlo para apoyar la tesis, defendida por ellos, según la cual el derecho se encuentra en conjunto indeterminado, pero esto último no es acertado, porque los realistas, a diferencia de los CLS, no consideran que el derecho esté indeterminado en todos los casos (globalmente), por eso, se interesaron por la indeterminación del derecho en algunos casos que son estudiados por el tribunal de apelación. La indeterminación del derecho, para los realistas, se fundamenta en la existencia de diferentes métodos de interpretación (leyes o precedentes) que podrían entrar en conflicto, a diferencia de los CLS, para quien la indeterminación se fundamenta en aspectos generales del lenguaje (Leiter, 2012, pág. 53-5).

La tesis nuclear del iusrealismo, según la teoría del derecho naturalista, como ya se dijo, se identifica con la tesis descriptiva que afirma que los jueces toman decisiones respondiendo a estímulos de hecho. El formalismo sostiene una tesis descriptiva contraria: los jueces responden a las exigencias racionales de las reglas jurídicas aplicables y al razonamiento jurídico; dicho de otro modo, mientras los realistas sostienen que los jueces responden, primariamente, a los hechos o a razones no jurídicas, los formalistas afirman que los jueces responden, primariamente, a las reglas o a razones jurídicas (Leiter, 2012, págs. 58-9).

La tesis de la voluntad judicial y la tesis de la peculiaridad judicial, que sostiene la concepción extrema del realismo (Frank), conduce a la conclusión de que las decisiones judiciales son totalmente impredecibles, lo que contradice uno de los intereses principales de los realistas cual fue el de poder predecir las decisiones judiciales. Si las decisiones de los jueces están basadas en sus características personales, hay que concluir que son impredecibles, porque es imposible aislar los hechos peculiares relevantes que influencian las elecciones ilimitadas de un juez particular. La tesis nuclear del realismo, por el contrario, sostiene que los anclajes que fundamentan la elección deben ser predecibles (tesis de la determinación) y que la decisión no puede basarse en hechos particulares, relativos a los jueces individuales, sino generales y comunes, que permitan la generalización en forma de leyes y la predicción (tesis de la generalidad). La combinación de estas dos afirmaciones conjuntamente con la tesis nuclear constituye la visión dominante entre los realistas (Leiter, 2012, págs. 51-2 y 67).

Leiter sostiene que el iusrealismo (como teoría jurídica) mantiene compromisos filosóficos con el naturalismo y el pragmatismo. Con el primero, por cuanto una teoría adecuada de la adjudicación debe ir aparejada con la investigación empírica de las ciencias sociales y naturales, con el segundo, por cuanto, una teoría adecuada de la adjudicación debe predecir lo que harán los tribunales; en resumidas cuentas, para poder predecir el comportamiento de los tribunales, de manera confiable y efectiva, debe conocerse la causa de sus decisiones, lo cual exige desarrollar investigaciones empíricas según los cánones de las ciencias sociales y naturales (Leiter, 2012, pág. 67).

Igualmente, sostiene que el iusrealismo (como teoría jurídica) es compatible con el positivismo jurídico excluyente. En el pasado, se consideró que el realismo jurídico y el positivismo jurídico constituyen teorías incompatibles, desde la perspectiva filosófica o conceptual. Como se señaló anteriormente, Hart no sólo mostró al realismo como una teoría confusa y extravagante, sino que avaló la idea de que eran teorías inconmensurables. Contrario a esta tesis generalizada, Leiter sostiene que el realismo jurídico es una teoría seria y respetable y que, además, es compatible al menos con una forma de positivismo jurídico, a pesar de que se trata de teorías diferentes, pues mientras el positivismo jurídico es una forma de teoría del derecho interesada por el concepto o la naturaleza del derecho, el realismo, como ya se advirtió, es básicamente una teoría descriptiva y empírica (no normativa ni conceptual) de la adjudicación, sin embargo, los realistas requieren de un concepto de derecho que no sea empírico o naturalizado, como el que

.

defiende la teoría del derecho que propone el positivismo jurídico excluyente (Leiter, 2012, pág. 99).

BIBLIOGRAFÍA

1. Adomeit, K. (1999). Filosofía del derecho y del estado. Madrid: Trotta.
2. Alexy, R. (1997). Teoría de la argumentación. La teoría del discurso racional como teoría de la fundamentación jurídica. México: Centro de estudios constitucionales.
3. Alexy, R. (2005). Derecho y moral. Reflexiones sobre el punto de partida de la interpretación constitucional. Doxa.
4. Alexy, R. (2006). La naturaleza de la filosofía del derecho. Doxa, 150-180.
5. Alexy, R. (s.f.). Sobre las relaciones necesarias entre el derecho y la moral. Doxa.
6. Aristóteles. (1998). Ética a Nicómaco. Bogotá: Ediciones Universales.

7. Atienza, M. (1999). El imperio retorico. Retórica y argumentación. México: Fondo de cultura económica.
8. Atienza, M. (2005). Introducción al Derecho. México: Universidad Autónoma de México.
9. Aurelio, M. (s.f.). Meditaciones.
10. Austin, J. (1994). Primera lección de la delimitación del ámbito de la teoría del derecho. En j. Moreso, el ámbito de lo jurídico. Barcelona: Critica.
11. Bastida, F. (2001). El silencio del emperador. Bogotá: Universidad nacional.
12. Bayón, J. (2002). Derecho, convencionalismo y controversia. En P. Navarro, La relevancia del derecho. Ensayos de filosofía jurídica, moral y política. Barcelona: Gedisa.
13. Bayón, J. (2005). El contenido mínimo del positivismo jurídico.
14. Bentham, J. (1973). Fragmento sobre el gobierno. Madrid: Aguilar.
15. Betegón, J. (1997). Lecciones de teoría del derecho. Madrid: McGraw Hill.
16. Bobbio, N. (1993). El positivismo jurídico. Madrid: Debate.
17. Bobbio, N. (2004). El problema del positivismo jurídico. México: Fontamara.
18. Bodenheimer, E. (1997). Teoría del derecho. México: Fondo de cultura económica.

19. Botero, A. (2015). El positivismo jurídico en la historia: las escuelas del positivismo en el siglo XIX y la primera mitad del siglo XX. En B. y. otros, Enciclopedia de filosofía y teoría del derecho. México: Universidad nacional autónoma de México.
20. Calsamiglia, A. (1994). Introducción a la ciencia jurídica. Bogotá: Ariel.
21. Campbell, T. (2002). El sentido del positivismo jurídico. DOXA.
22. Coleman, J. (1982). Negative and positive positivism. Journal of legal studies 11(1), 139-164.
23. Coleman, J. (1998). Second Thought and other first impressions. En B. Brix, Analyzing law. Oxford: Oxford university.
24. Cotterrell, R. (1991). Introducción a la sociología jurídica. Barcelona: Ariel.
25. Cracogna, D. (1998). Cuestiones fundamentales de la teoría pura del derecho. México: Fontamara.
26. Devlin, P. (2010) La imposición de la moral. Madrid: Editorial Dykinson.
27. Dworkin, G. (1990). El paternalismo. En otros, Derecho y moral. Barcelona: Ariel.
28. Dworkin, R. (1999). Los derechos en serio. Barcelona: Ariel.
29. Dworkin, R. (2007). Justicia con toga. Madrid: Marcial Pons.

30. Faralli, C. (2007). la filosofía del derecho contemporánea. Bogotá: Universidad externado de Colombia.

31. Ferrajoli, L. (2015). Iusnaturalismo y positivismo jurídico. Madrid: Trotta.

32. Friedrich, C. (1993). La filosofía del derecho. México: Fondo de cultura económica.

33. García, J. (1999). Del método jurídico a las teorías de la argumentación. En J. G. otros, Escritos sobre filosofía del derecho. Bogotá: Ediciones rosaristas.

34. Garzón, E. (1998). Derecho y moral. En R. Vásquez, Derecho y moral. Barcelona: Gedisa.

35. Gaviria, C. (1992). Temas de introducción al derecho. Medellín: Señal.

36. Hart, H. (1958). Positivismo y la separación de la ley y la moral. Cambridge: Harvard law review.

37. Hart, H. (1994). el cielo de los conceptos de Ihering y la jurisprudencia analítica. En J. Moreso, El ámbito de lo jurídico. Barcelona: Critica.

38. Hart, H. (2004). El concepto de derecho. Buenos aires: Abeledo Perrot.

39. Hart, H. (2006). Derecho, libertad y moralidad. Madrid: Dykinson.

40. Hart, H. (s.f.). El nuevo desafío del positivismo.

41. Hobbes, T. (1980). Leviatán. Madrid: Nacional.

42. Hoerster, N. (1992). En defensa del positivismo jurídico. Barcelona: Gedisa.
43. Jaeger, W. (1994). Paideia. México: Fondo de cultura económica.
44. Jiménez Cano, Roberto M (2008). Una metateoría del positivismo jurídico. Madrid: Ediciones Marcial Pons
45. Kaufmann, A. (1994). panorámica histórica de los problemas de la filosofía del derecho. En k. y. otros, Pensamiento jurídico contemporáneo (págs. 50-70). Barcelona: Debate.
46. Kelsen, H. (1970). Teoría pura del derecho. introducción a la ciencia del derecho. Buenos aires: Exudaba.
47. Kelsen, H. (1992). ¿Qué es justicia? Barcelona: Ariel.
48. Kymlicka, H. (1996). Ciudadanía Multicultural. Barcelona: Paidós.
49. Laporta, F. (1995). Entre el derecho y la moral. México: Fontamara.
50. Larenz, K. (1994). Metodología de la ciencia del derecho. Barcelona: Ariel.
51. Latorre, A. (1999). Introducción al derecho. Barcelona: Ariel.
52. Leiter, Brian (2012). Naturalismo y teoría del derecho. Madrid: Marcial Pons.
53. Lifante, I. (1999). La interpretación jurídica en la teoría del derecho contemporánea. Madrid: Centro de estudios constitucionales.

54. Locke, J. (1991). Dos ensayos sobre el gobierno civil. Madrid: Espasa Calpe.
55. López, D. (2004). Teoría impura del derecho. Bogotá: Legis.
56. Malen, J. (2010). La imposición de la moral por el derecho. La disputa de Deviln - Hart.
57. Martínez, L. (1994). Curso de teoría del derecho y metodología jurídica. Barcelona: Ariel.
58. Mill, J. (1986). Sobre la libertad. Madrid: Alianza.
59. Moreso, J. (2000). Algunas consideraciones sobre la interpretación constitucional. En: Doxa, 2000.
60. Nino, C. (1991). El constructivismo ético. Madrid: Centro de estudios constitucionales.
61. Nino, C. (1999). Algunos modelos metodológicos de ciencia jurídica. México: Fontamara.
62. Nino, C. (2003). Introducción al análisis del derecho. Buenos aires: Astrea.
63. Nino, C. (2006). La validez del derecho. Buenos aires: Astrea.
64. Perelman, C. (1988). La escuela funcional, sociológica y teleológica. Madrid: Civitas.
65. Perelman, C. (1994). Tratado de la argumentación. la nueva retórica. Madrid: Gredos.
66. Rawls, J. (1971). Teoría de la justicia. Madrid: Tecnos.

67. Raz, J. (1985). la autoridad de la ley. ensayos sobre derecho y moralidad. México: Universidad autónoma de México.
68. Raz, J. (2013). Entre la autoridad y la interpretación. Sobre la teoría del derecho y la razón práctica. Madrid: Marcial Pons.
69. Raz, J. (2001). La Ética en el Ámbito de lo público. Barcelona: Editorial Gedisa.
70. Recasens, L. (1980). Nueva filosofía de la interpretación del derecho. México: Porrúa.
71. Robles, G. (1993). Introducción a la Teoría del Derecho. Madrid: Debate.
72. Rodenas, A. (2003). ¿Que queda del positivismo jurídico? DOXA, 410-430.
73. Rodríguez, C. (2002). la decisión judicial, el debate Hart - Dworkin. Bogotá: Siglo del hombre.
74. Ruiz, M. (2002). una filosofía del derecho en modelos históricos. Madrid: Trotta.
75. Salmerón, F. (1998). Sobre moral y derecho. Apuntes para la historia de la controversia. Barcelona: Gedisa.
76. Segura, M. (1998). La racionalidad jurídica. Madrid: Tecnos.
77. Sófocles. (1981). Antígona. Madrid: Gregos.
78. Soriano, R. (1993). Compendio de teoría general del derecho. Barcelona: Ariel.

79. Taylor, C. (1996). Fuentes del yo. La construcción de la identidad moderna. Barcelona: Paidós.

80. Waluchow, W. (2007). Positivismo jurídico incluyente. Madrid: Marcial Pons.